CW01652156

Initiation au scrapbooking

Irène LASSUS, Marie-Anne VOITURIEZ

Photos : Fabrice Besse

Dessain et Tolra

Les auteurs et l'éditeur remercient :

Toutes les personnes qui ont généreusement donné leurs belles photos.

L'ART DU PAPIER
48, rue Vavin – 75006 Paris
16, rue Daunou – 75002 Paris – Tél. : 01 42 61 70 64

LOISIRS ET CRÉATION
Adresses des 12 points de vente au 01 41 80 64 00

CLAIREFONTAINE
RD 52 F - 68490 Ottmarsheim
Tél. : 03 89 83 37 77

Et pour le prêt d'objets décoratifs ayant servi au stylisme :

LES AUTRUCHES
32, rue Boulard – 75014 Paris

© Dessain et Tolra / Larousse 2004
Dépôt légal : septembre 2004
ISBN : 2-04-720167-5

Direction éditoriale : Meriem Varone
Édition : Laure Sérullaz

Relecture : Chantal Pagès
Mise en pages : Bénédicte Chantalou – Yuruga
Photographies : Fabrice Besse – Cactus Studio
Illustrations : Lucie Niney, Bénédicte Chantalou
Stylisme : Irène Lassus, Marie-Anne Voituriez
Couverture : Olivier Caldéron, Amanda Mouseler sous la direction de Véronique Laporte

Fabrication : Anne Raynaud
Photogravure : Arts Graphiques du Centre

« Toute représentation ou reproduction, intégrale ou partielle, faite sans le consentement de l'auteur, ou de ses ayants droit, ou ayants cause, est illicite » (article L.122-4 du Code de la propriété intellectuelle). Cette représentation ou reproduction, par quelque procédé que ce soit, constituerait une contrefaçon sanctionnée par l'article L. 335-2 du Code de la propriété intellectuelle. Le Code de la propriété intellectuelle n'autorise, aux termes de l'article L.122-5, que les copies ou les reproductions strictement réservées à l'usage privé du copiste et non destinées à une utilisation collective, d'une part, et, d'autre part, que les analyses et les courtes citations dans un but d'exemple et d'illustration.

Sommaire

Pour chaque objet, le niveau de difficulté est indiqué :

- ◎ TRÈS FACILE
- ◎◎ FACILE
- ◎◎◎ MINUTIEUX

21

Avant-propos

Le scrapbooking est une nouvelle manière de présenter et de mettre en valeur les photos de façon originale, artistique et décorative, d'embellir notre héritage photographique qui dort dans les tiroirs.

Les techniques en sont assez simples : découpage, pliage, collage, et les matériaux très diversifiés. Une multitude de papiers de couleurs et de textures différentes, des gommettes simples ou fantaisie, des pochoirs, des paillettes. Tous vos trésors pourront faire partie de vos créations : rubans, tissus, dentelles, boutons, lettres manuscrites.

Lors de vos voyages, pensez à collectionner les cartes postales, les papiers d'emballage, les billets de train, d'avion, de bus, les tickets d'entrée dans les musées, les timbres, les fleurs séchées, etc. Emportez un petit carnet et des crayons de couleur pour faire des croquis.

Tous ces matériaux vous serviront à personnaliser vos albums, à créer des objets décoratifs autour des thèmes de vos photos préférées : les enfants, la famille, les amis, les voyages, les grands événements, la maison et le jardin.

Albums
Vous pouvez acheter toutes sortes d'albums aux couvertures différemment reliées dans n'importe quelle papeterie, mais aussi les faire vous-même. Dans ce livre, vous trouverez des exemples variés d'albums ou de carnets à réaliser, en papier, en carton ou en tissu, pour vous donner plus d'idées encore. Un livre ancien, une partition de musique deviennent le support de vos photos. Les illustrations d'un vieux dictionnaire peuvent y ajouter le charme des images d'autrefois.

Vous découvrirez tout au long de ces pages d'autres supports étonnants.

Matériel

Les outils

❶ Plioir
❷ Pince de bijoutier ronde
❸ Pince de bijoutier plate
❹ Pince coupante
❺ Emporte-pièce fantaisie
❻ Perforatrice
❼ Emporte-pièce rond
❽ Fil de fer
❾ Colle blanche
❿ Encre
⓫ Pinceau
⓬ Pochoirs
⓭ Pinceaux brosses
⓮ Crayons de couleur
⓯ Outil à embosser
⓰ Ruban adhésif
⓱ Règle
⓲ Cutter et scalpel
⓳ Ciseaux à broder
⓴ Ciseaux à cranter

Les accessoires

1. Gommettes simples et fantaisie
2. Dentelles de papier et décors autocollants
3. Motifs autocollants
4. Fleur en tissu
5. Petits boutons de nacre
6. Perles de rocaille transparentes
7. Étiquettes adhésives
8. Coton mouliné à broder
9. Rubans de soie et de satin
10. Pinces trombones fantaisie
11. Paillettes simples
12. Pompons et perles de passementerie
13. Paillettes fantaisie
14. Cabochons adhésifs
15. Perles de rocaille opaques

Matériel

Les papiers et les tissus

1. Papier toilé
2. Papier nacré
3. Carton plume
4. Origami à motifs
5. Papier-calque fantaisie
6. Papier texturé
7. Papier mûrier
8. Papier Pop Set
9. Papier-calque de couleur
10. Papier à fibres végétales
11. Papier décoré
12. Papier origami uni
13. Papier recyclé de couleur
14. Dentelle de papier
15. Papier cristal
16. Pages manuscrites
17. Coton uni, organdi, tulle
18. Tissus imprimés et à carreaux
19. Papier transfert
20. Dentelles anciennes

Techniques générales

Réduire les photos

Pour réduire les photos au format souhaité, vous pouvez utiliser la photocopieuse ou réaliser un cache.

Pour faire un cache, évidez une fenêtre au format voulu dans une feuille de carton fort. Puis posez ce cache sur la photo en sélectionnant la partie qui vous paraît la plus intéressante.

Dessinez le cadre au feutre indélébile, puis découpez cette partie de la photo au cutter. Si vous collez la photo à l'arrière d'une fenêtre déjà découpée dans une page du scrapbook, pensez à ménager tout autour une marge de 1 cm environ.

Faire un gabarit

Décalquez le motif choisi sur la page des patrons. Reportez-le sur du carton souple.

Découpez ensuite le motif reproduit au cutter ou avec des ciseaux.

Puis reportez-le sur le papier désiré et découpez.

Coller

La colle blanche vinylique en pot convient pour tous les usages. Enduisez d'une fine couche de colle tout l'envers de la photo en étalant avec le pinceau brosse, puis collez-la en place en appuyant bien.

Pour coller un petit découpage, trempez un pinceau fin dans la colle, appliquez un point de colle sur le découpage et collez en place.
Laissez toujours bien sécher la colle.

Pour coller une feuille sur une autre feuille ou sur du carton, enduisez la feuille du dessus de colle, puis appliquez-la par un bord sur l'autre support. Collez au fur et à mesure en lissant bien avec les mains, pour chasser les bulles d'air.

Quand la feuille est bien collée, lissez avec le plioir. Si l'ensemble a tendance à gondoler, placez-le sous une presse ou sous une pile de livres jusqu'à ce que la colle soit bien sèche.

Découper au cutter et au scalpel

Posez l'image à découper sur le tapis de coupe. Posez ensuite une règle en métal le long de la ligne à découper. Tenez-la fermement. Tracez une ligne nette le long de la règle avec la pointe du cutter.
Pensez à casser ou changer la lame de votre cutter dès qu'elle est émoussée.

Pour les arrondis, utilisez un scalpel et suivez le contour du dessin en appuyant.

Découper avec des ciseaux

Les ciseaux à cranter permettent de réaliser des décors.

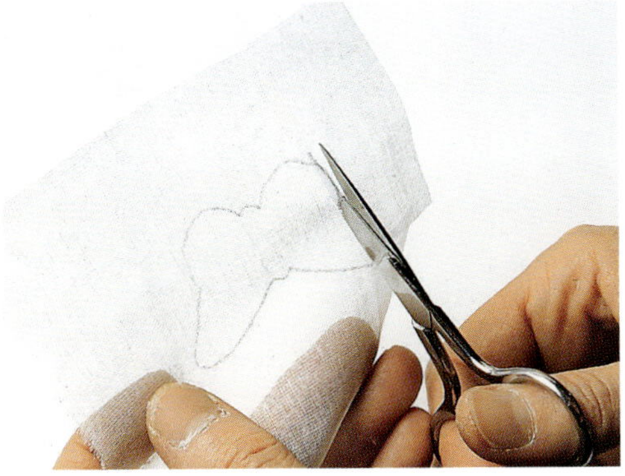

Les ciseaux à broder, pointus, permettent de faire des découpes précises.

Plier

Pour marquer un pli net, posez une règle en métal le long de la ligne du pli, puis glissez le plioir le long de la règle en appuyant.

Pliez ensuite le long du pli réalisé et appuyez avec la tranche du plioir pour le marquer nettement.

Transférer une photo

Pour la technique du transfert de photo, voir directement la réalisation p. 60.

Broder les points de base

• Point avant

Pour les créations p. 12 (album de naissance garçon), p. 46 (calendrier de l'Avent), p. 56 (album de mariage) et p. 60 (coussin transfert).

C'est le plus simple. On pique l'aiguille devant soi, le long d'une ligne, et on tire le fil en faisant des points réguliers.

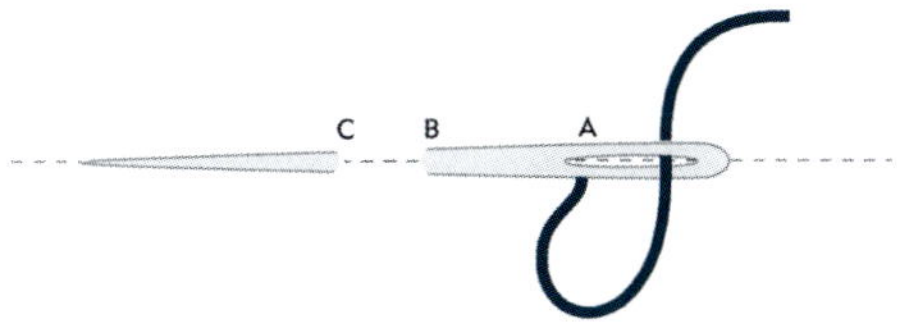

Sortez l'aiguille en A, piquez en B, puis ressortez en C. Tirez sur le fil et recommencez.

• Point de croix

Pour les créations p. 46 (calendrier de l'Avent) et p. 56 (album de mariage).

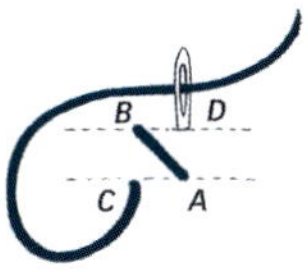

Sortez l'aiguille en A, piquez en B et ressortez en C. Pour former la croix, repiquez en D. Vous pouvez inverser l'ordre d'inclinaison des diagonales, mais ne les modifiez jamais en cours de travail.

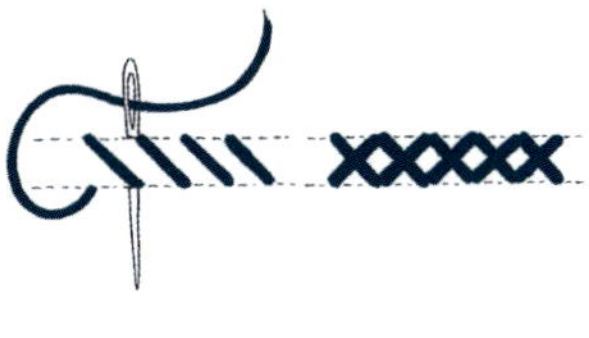

Pour broder un rang de points de croix, commencez par réaliser une série de diagonales, puis croisez le fil sur le dernier point et repartez en sens inverse.

La toile Aïda est spécialement tissée pour broder au point de croix. Elle forme de petits carrés sur lesquels il est facile de réaliser chaque croix.

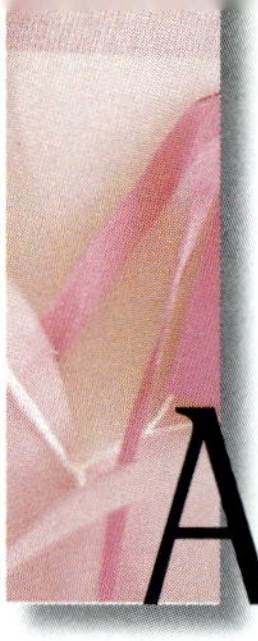

MINUTIEUX

Albums de naissance

En rose ou en bleu, un vol d'hirondelles et de papillons annonce la naissance de bébé.

FOURNITURES

- Feuilles de papier cartonné bleu ciel
- Feuilles de Canson blanc
- Carré d'organdi blanc
- Feuille de carton
- Pochoir métallique à embosser motif ours, cœur, alphabet
- Coton à broder DMC blanc
- Photo de naissance de 4 x 4 cm

MATÉRIEL

- Colle à papier
- Ciseaux à cranter
- Aiguille à broder
- Outil à embosser
- Table lumineuse
- Feutre noir
- Crayon à papier
- Papier-calque
- Ruban adhésif

❶ La découpe de la couverture et des pages d'intérieur

Découpez dans une feuille de papier bleu ciel un rectangle de 45 x 26 cm qui sera plié en deux pour faire la couverture.

Découpez pour la décoration de la couverture : un rectangle de papier blanc de 18,5 x 19 cm, un carré de papier bleu ciel de 6,5 x 6,5 cm avec les ciseaux à cranter, enfin un carré d'organdi blanc de 5,5 x 5,5 cm avec les ciseaux à cranter.

Pour faire les pages d'intérieur, découpez plusieurs rectangles de papier blanc de 43 x 25 cm que vous plierez en deux.

❷ L'embossage des motifs de la couverture

Sur le schéma ci-dessous, agrandi à 200 %, décalquez l'emplacement des ours et des cœurs. Repassez les traits au feutre noir.

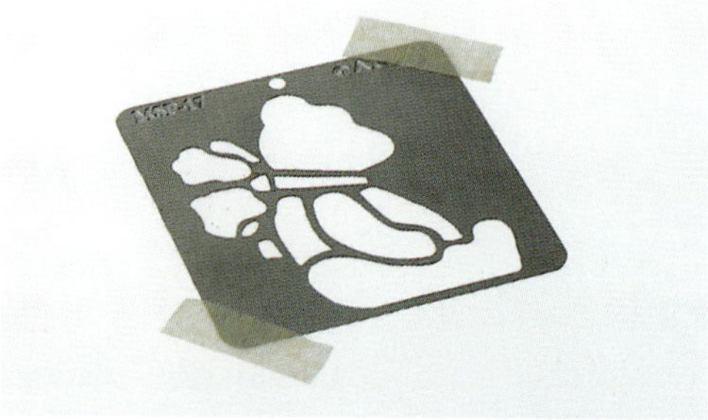

Posez le calque sur la table lumineuse, et fixez-le avec du ruban adhésif. Placez le pochoir sur un des ours et fixez-le avec du ruban adhésif.

Disposez le rectangle de papier blanc sur le pochoir et appuyez dans les trous avec l'outil à embosser. Embossez tous les ours aux emplacements indiqués sur le schéma, puis faites de même avec les cœurs et les lettres du prénom.

❸ La réalisation du décor en organdi

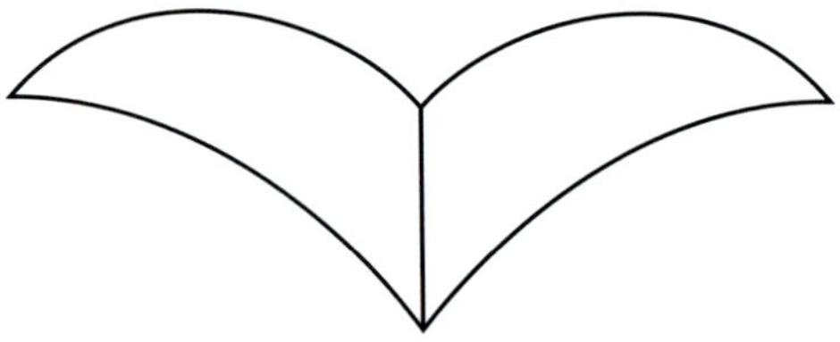

Décalquez le motif d'oiseau ci-dessus et reportez-le sur un petit carton. Découpez la forme pour faire le gabarit (voir Techniques générales p. 9).
Placez le gabarit sur l'organdi blanc, tracez légèrement les contours au crayon et découpez 7 fois la forme. Découpez également 7 carrés de papier

bleu ciel de 1 x 1 cm et cousez les oiseaux en organdi par 3 points avant avec le coton à broder blanc sur les carrés.

4 L'emplacement et le collage des décorations sur la couverture
Au centre du carré blanc décoré, collez successivement le petit carré

bleu ciel, l'organdi, la photo de 4 x 4 cm découpée à l'aide d'un cache (voir Techniques générales p. 9). Collez le tout au centre de la couverture et collez les oiseaux autour.

Variantes

FOURNITURES

- Feuilles de papier rose clair
- Feuille de papier cartonné rose vif
- Feuille de papier épais
- Carré d'organdi rose clair
- Colle en bombe
- Alphabet et papillon
- Coton à broder DMC blanc
- Aiguille à broder
- Petits ciseaux à tissu

MATÉRIEL

- Feutre fin noir
- Outil à embosser
- Ciseaux à cranter
- Aiguille à broder
- Cutter
- Table lumineuse
- Papier-calque
- Plioir
- Ruban adhésif
- Crayon à papier
- Gomme
- Colle en bombe

■ COUVERTURE DE L'ALBUM FILLE

1 Découpe des papiers pour la couverture
Découpez au cutter dans le papier cartonné rose vif un rectangle de 45 x 24 cm. Puis découpez un carré de papier rose clair de 15 x 15 cm et crantez les 4 côtés.

2 L'embossage des motifs
Sur le schéma ci-dessous agrandi à 200 %, décalquez le motif, puis repassez les traits au feutre noir fin. Fixez le calque sur la table lumineuse et embossez le motif comme précédemment, ainsi que le prénom du bébé.

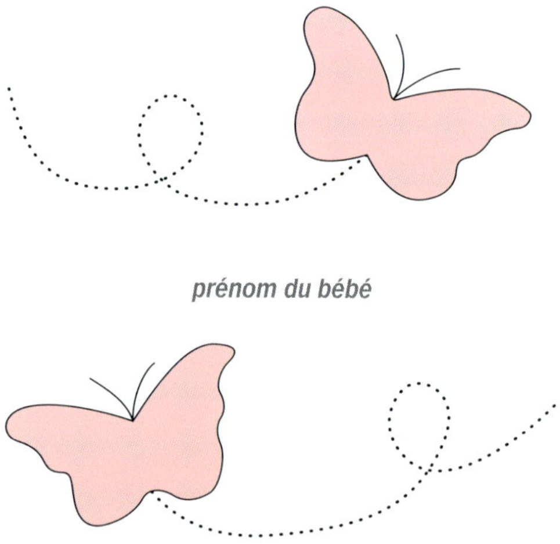

3 La réalisation du gabarit du papillon
Avec un crayon, reportez à l'échelle 200 % le contour du pochoir papillon ci-contre sur une feuille de papier épais et découpez ce motif qui vous servira de gabarit.

4 La découpe et la couture des papillons
Posez le gabarit sur l'organdi rose clair. Dessinez très légèrement le contour et découpez soigneusement les 7 papillons et les 7 petits carrés de papier rose vif de 1 x 1 cm. Cousez chaque papillon sur le petit carré en suivant le schéma ci-dessous avec un brin de coton blanc.

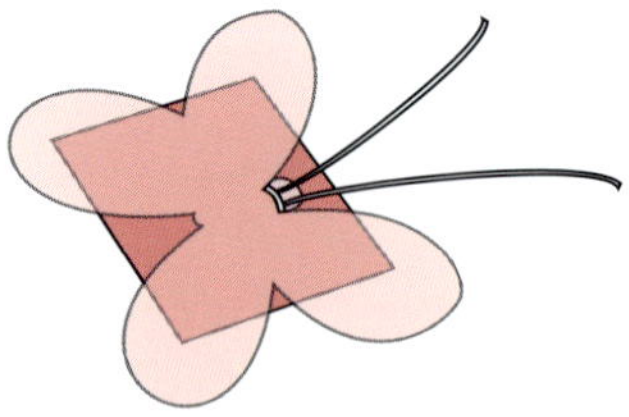

5 Le collage du papier décoratif et des papillons sur la couverture
Collez le carré rose clair décoré au centre de la couverture en papier rose vif avec la colle en bombe. Par un point de colle, fixez tout autour les papillons de tissu.

■ INTÉRIEUR DE L'ALBUM FILLE

❶ La découpe des pages d'intérieur
Découpez dans le papier rose clair des rectangles de 44 x 23 cm pour les pages d'intérieur.

❷ L'embossage des motifs de fond des pages d'intérieur
Sur le schéma ci-contre agrandi à 200 %, décalquez les papillons et les pointillés. Repassez les traits au feutre fin noir. Fixez le calque sur la table lumineuse et embossez les papillons et les pointillés sur la moitié gauche des feuilles de papier rose clair. Retournez le calque pour inverser les motifs sur la moitié droite.

❸ L'emplacement des photos
Dessinez légèrement au crayon un carré de 7 x 7 cm au centre de chaque page d'intérieur et faites quatre petites entailles au cutter, à 1 cm de chaque angle du carré, dans lesquelles vous glisserez vos photos. Gommez les traits de crayon.

❹ La reliure de l'album
Découpez avec les ciseaux à cranter le bord des pages roses. Avec le plioir, pliez les pages et la couverture au centre. Réunissez les pages décorées et la couverture. Enfilez 50 cm de ruban à broder sur l'aiguille. Cousez l'ensemble au centre et serrez par un double nœud le ruban au dos de la couverture.

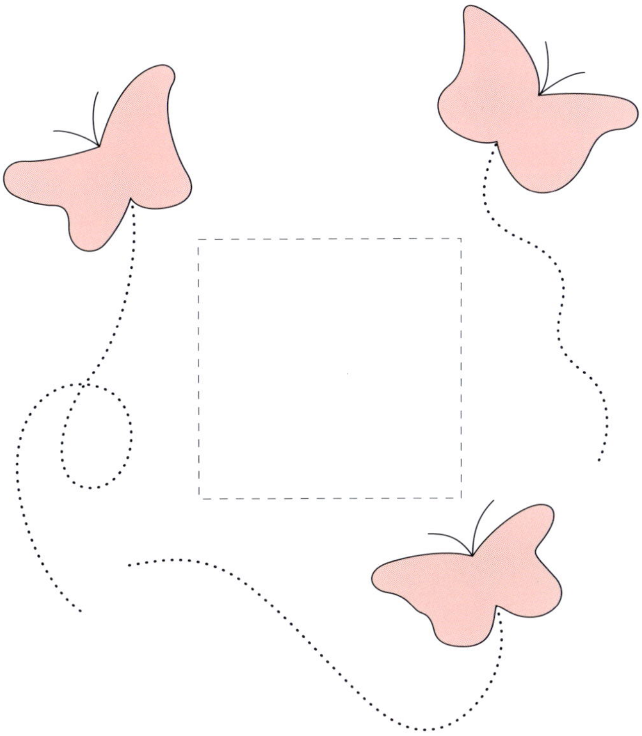

FOURNITURES

- Feuille de papier cartonné rose vif
- Feuilles de papier rose clair
- Pochoir métallique pour embossage motif papillon
- Ruban à broder en soie rose
- Photos de naissance découpées ou réduites de 7 x 7 cm

■ SAC À DRAGÉES

Découpez dans l'organdi rose clair un rectangle de 25 x 13 cm. Crantez les bords du tissu. Découpez les papillons et cousez-les sur le tissu. Repliez le rectangle en deux et faites une couture sur les bords pour former le sac. Découpez un petit carré rose de 5 x 5 cm et collez la photo au centre. Puis perforez le haut du carré avec le motif de papillon. Décorez l'épingle de nourrice d'un petit ruban et fixez l'ensemble sur le haut du petit sac. Remplissez de dragées enveloppées dans le papier de soie blanc.

FOURNITURES

- Carré d'organdi rose clair
- Feuille de papier rose vif
- Coton à broder DMC blanc
- Petite épingle de nourrice
- Ruban à broder rose
- Emporte-pièce motif petit papillon
- Photo de naissance de 4 x 4 cm
- Papier de soie blanc
- Dragées

FACILE

Souvenirs du passé

Un petit air de musique, des fleurs, des dentelles pour redécouvrir des photos anciennes.

FOURNITURES

- Une partition de musique
- Carte postale ancienne
- Papier-calque rose, bleu, blanc moucheté et rayé
- Papier cristal
- Tissu vichy mauve et blanc
- Petits boutons en nacre
- Fleur en tissu
- Une paillette argent
- Magazines et livres illustrés anciens
- Broderie ancienne
- Dentelle ancienne
- Fleurs autocollantes
- Dentelle de pâtisserie
- Petites étiquettes anciennes
- Photos anciennes

MATÉRIEL

- Colle
- Ciseaux à broder
- Ciseaux à cranter
- Scalpel

❶ Disposition des photos et des décors

Disposez les photos sur la partition de façon harmonieuse. Si elles sont trop grandes, découpez-les un peu sur les bords. Découpez des photos de visages en ovales. Puis sélectionnez les tissus, les papiers et les motifs avec lesquels vous allez décorer les pages et les photos.

❷ Réalisation de la page de gauche

Découpez les papiers-calque qui serviront de cadre à vos photos selon les patrons ci-dessous.

En haut de la page, à droite : découpez la dentelle de pâtisserie en deux le long du diamètre. Le long des deux diamètres, supprimez autant de papier que nécessaire pour former l'ovale.

Formes à agrandir à 200 %

Découpez la broderie et collez-la sur le cahier.

Collez les photos sur les papiers-calque et les dentelles, puis collez ces différents ensembles sur la partition de musique.

Collez autour des photos les images photocopiées dans les magazines ou les livres anciens, puis découpées.

Vous pouvez écrire les noms des personnes connues sur des petites étiquettes anciennes, ainsi que, par exemple, la date à laquelle a été prise la photo.

❸ Réalisation de la page de droite

En haut de la page, à gauche : découpez les deux cœurs en papier-calque selon le patron ci-dessous. Collez-les en place.

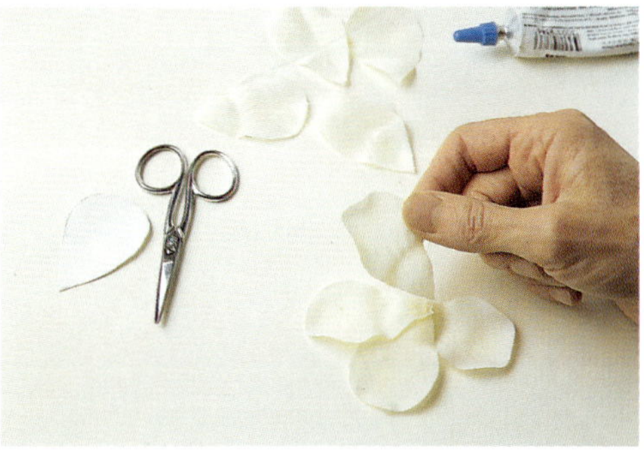

Dans la fleur en tissu, découpez 8 pétales à la taille voulue. Disposez les pétales en forme de fleur. Collez-la. Collez au milieu la paillette.

Collez la petite dentelle, puis la photo en place, et enfin les fleurs autocollantes.

En bas, à gauche : découpez un rectangle de tissu vichy avec les ciseaux à cranter. Cousez dessus des petits boutons de nacre de manière à former le contour de la photo. Enfin, collez la photo au centre de ce décor.

En haut, à droite : collez le paysage de mer sous la photo de vacances, de telle sorte que la mer se prolonge.

Protégez les pages par une feuille de papier cristal.

Modèle à agrandir à 200 %

Variantes

■ PETIT PÊLE-MÊLE

Découpez à la taille voulue la feuille de Canson blanc qui servira de support à l'ensemble du pêle-mêle. Collez les différents documents d'écolier autour de la photo. Placez dessus le verre et faites tenir par des petites pinces à clé.

FOURNITURES

- Feuille de Canson blanc
- Photo d'écolier
- Dessin d'enfant
- Pages d'écriture
- Images, bons points, etc.

MATÉRIEL

- Ciseaux
- Cadre sous-verre
- Colle
- 4 pinces à clé

■ PETIT CADRE BLEU

Décalquez le motif de coquillages selon le patron (p. 64) et reportez-le sur la feuille de Canson bleu. Découpez les intervalles au scalpel pour créer des vides. Placez la feuille de Canson jaune en dessous. Collez la photo, mettez le verre et faites tenir avec des petites pinces à clé.

FOURNITURES

- Photo de vacances
- Feuille de Canson jaune clair
- Feuille de Canson bleu pâle

MATÉRIEL

- Scalpel
- Papier-calque
- Colle
- 4 pinces à clé

■ PETITE BOÎTE

Réalisez une petite boîte à la taille voulue (voir Patron p. 64), de 2 cm de profondeur. Peignez-la de l'une des couleurs des pièces. Superposez les pièces et collez la photo au milieu.

FOURNITURES

- Carton plume
- Pièces de couture, dentelle
- Peinture acrylique
- Photo
- Petite étiquette ancienne

MATÉRIEL

- Colle

MINUTIEUX

Maison de famille

Un album comme une maison pour se souvenir des moments de bonheur.

FOURNITURES

- Feuilles de papier aquarelle (24 x 30 cm)
- Papier-calque
- Photos d'intérieur réduites ou découpées
- Chutes de tissus
- Rubans
- Magazines
- Souvenirs
- Petites fleurs autocollantes
- Feuille de carton souple vert clair
- Encres de couleur : vert, jaune, rose-orangé
- Emporte-pièce en forme de feuille
- Carton à dessin

MATÉRIEL

- Crayon à papier
- Cutter
- Scalpel
- Ciseaux à cranter
- Colle
- Petits ciseaux

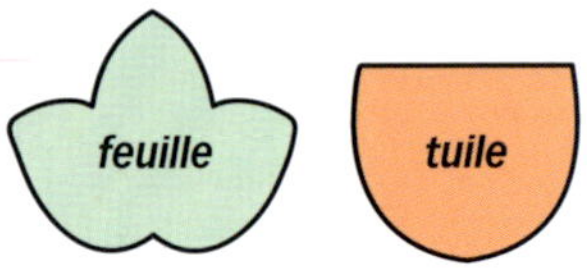

■ LA FAÇADE DE LA MAISON

1 Le dessin des tuiles et des fenêtres
Dessinez sur le papier aquarelle deux rangées de tuiles à l'aide du gabarit ci-dessous, puis tracez les contours des fenêtres selon ce schéma.

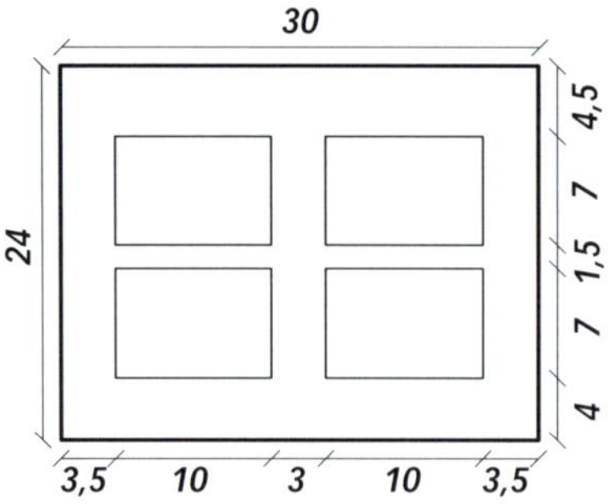

2 Le dessin des autres motifs. La découpe des tuiles, des feuilles
Dessinez les branches grimpant autour des fenêtres. Découpez les fenêtres au cutter le long des bords supérieur et inférieur, puis verticalement au milieu et ouvrez-les. À l'aide du patron ci-dessous, découpez un gabarit de feuille et reportez le motif sur chaque volet. Découpez-le avec le scalpel. Découpez en arrondi la rangée de tuiles inférieures. Puis, découpez une cinquantaine de petites feuilles vertes avec l'emporte-pièce. Dessinez enfin les fleurs et les touffes d'herbe.

3 Peinture des motifs
En diluant bien l'encre, coloriez les tuiles en rose-orangé. Lorsque l'encre est sèche, dessinez les contours plus foncés de la rangée du haut. Peignez les branches, les volets, les tiges et les feuilles des fleurs en vert. Peignez les fleurs en jaune et leur cœur en rose-orangé. Collez les feuilles sur les tiges grimpantes. Pour finir, soulevez légèrement la rangée de tuiles inférieures ainsi que les feuilles pour donner du relief.

■ L'INTÉRIEUR DE LA MAISON

4 Sur une deuxième feuille de papier aquarelle :
Découpez les photos au format 4,5 x 7 cm en vous servant du cache (voir Techniques générales p. 9). Découpez avec les ciseaux à cranter des pièces de tissus de 10 x 13 cm environ, assorties aux photos d'intérieur.

En vous servant de la façade de la maison, placez les photos derrière chaque fenêtre, sur les tissus, et collez-les en place. Entourez ensuite les photos d'une piqûre à la machine, à 5 mm des bords.

Dans des magazines, découpez des images en rapport avec chaque pièce et récoltez des souvenirs ayant trait à chaque ambiance. Collez-les autour de la photo de telle sorte que les collages n'apparaissent pas lorsque les fenêtres sont ouvertes.
Rangez votre scrapbook dans un carton à dessin.

TRÈS FACILE

Jardin et herbier

Un décor naturel rappelant le charme de votre jardin.

FOURNITURES

- Album de 19 x 19 cm en papier Népal
- Feuille de papier mûrier vert clair
- Fleurs, pétales et feuilles séchés
- Photos de jardin découpées ou réduites de 8 x 8 cm
- Magazines de fleurs

MATÉRIEL

- Pinceau fin
- Petits ciseaux
- Papier-calque
- Feuille de Canson blanc
- Colle
- Crayon à papier
- Gomme

❶ La réalisation des motifs de feuilles et leur collage

Tracez légèrement au crayon un carré de 8 x 8 cm au centre d'une page en papier Népal de l'album. Décalquez les trois motifs de feuilles d'après les modèles ci-dessous et reportez-les sur la feuille de Canson blanc. Découpez les formes : elles vous serviront de gabarit (voir Techniques générales p. 9). Placez les gabarits sur le papier mûrier vert clair. Tracez les contours au crayon, découpez-les soigneusement, puis collez-les tout autour du carré central en suivant le schéma ci-dessous pour la répartition des feuilles.

❷ Le collage des fleurs, pétales et feuilles séchés, et de la photo

Avec un pinceau fin, étalez une fine couche de colle sur les feuilles, les pétales et les fleurs séchés (voir Techniques générales p. 10), puis déposez-les sur les feuilles en papier mûrier découpées. Placez votre photo en la collant au centre.

❸ La réalisation de l'autre page

Utilisez le gabarit de feuille en forme de cœur et reportez-le sur le papier mûrier vert clair une dizaine de fois. Découpez soigneusement. Tracez légèrement au crayon un carré de 8 x 8 cm au centre de la page de papier Népal. Collez les feuilles vertes tout autour et décorez avec des petites fleurs découpées dans un magazine. Placez la photo dans le carré.

Variantes

PETIT CADRE

Encollez au pinceau toute la surface de papier et placez-le sur le cadre. Lissez bien pour enlever les bulles d'air (voir Techniques générales p. 10), et rabattez les bords sur la tranche du cadre. Peignez la tranche intérieure avec de la peinture acrylique blanche.

FOURNITURES

- Cadre en bois de 15 x 15 cm à l'extérieur et 6 x 6 cm à l'intérieur
- Feuille de papier blanc à fibres végétales
- Pétales de roses rouges séchés
- Photo de jardin réduite ou découpée de 6,5 x 6,5 cm

MATÉRIEL

- Vernis en bombe
- Petits ciseaux
- Pinceau fin
- Peinture acrylique blanche
- Feuille de papier

1 La découpe et le collage du décor du cadre

Découpez dans le papier blanc à fibres végétales un carré de 16 x 16 cm. Évidez au centre un carré de 6 x 6 cm et découpez selon le schéma ci-dessous, pour recouvrir le cadre en bois.

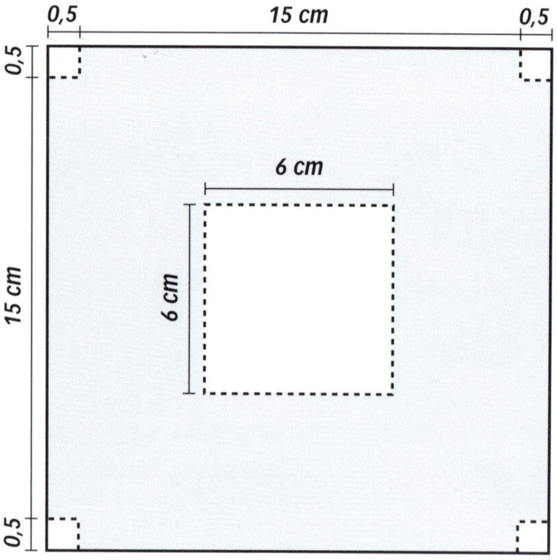

2 La découpe et le collage des motifs

Découpez soigneusement dans les pétales de roses rouges séchés 8 cœurs irréguliers. Placez-les bien à plat sur une feuille de papier pour les encoller à l'aide d'un pinceau fin, et placez-les sur le cadre.
Laissez sécher la colle et passez une couche de vernis en bombe pour protéger l'ensemble.

■ CARNET DU JARDIN

❶ La préparation du décor de la couverture

Faites des photocopies couleur de 2 pages illustrées du dictionnaire. Découpez dans ces deux pages un rectangle de 17 x 15,5 cm et collez-les côte à côte sur le papier bleu en les faisant se chevaucher au centre. Recouvrez-les de buvard et mettez-les à sécher, bien à plat sous une presse ou sous une pile de livres.

❷ La découpe des pages intérieures

Découpez dans le papier bleu une dizaine de rectangles de 32 x 15 cm qui formeront les pages intérieures du carnet et un carré de 5 x 5 cm pour l'effet de cadre au centre de la couverture.

❸ L'assemblage des pages

Découpez tout autour des illustrations l'excédent de papier bleu et pliez la couverture en deux. Pliez également les autres pages en deux et placez-les à l'intérieur de la couverture.

❹ L'attache et la fermeture du carnet

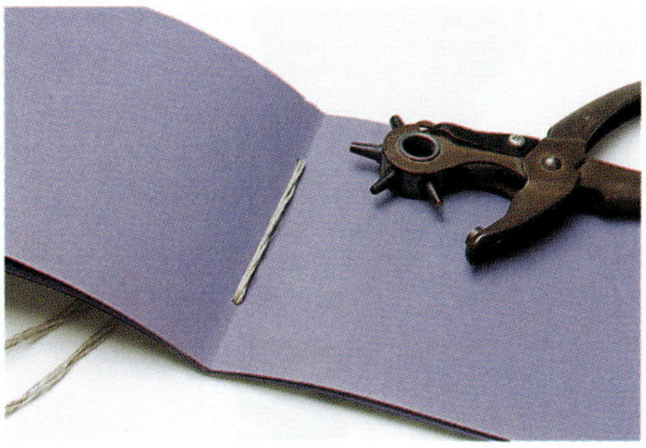

À l'endroit de la pliure et à 3 cm du bord, faites des trous avec l'emporte-pièce. Coupez 3 morceaux de ficelle de lin de 1 m de long, faites-les passer par les trous, de l'intérieur vers l'extérieur, et nouez-les sur la reliure. Collez au centre de la couverture le carré bleu et, à l'intérieur de celui-ci, une photo.
Pour fermer le carnet, enroulez la ficelle tout autour et faites un nœud.

FOURNITURES

- Vieux dictionnaire illustré (pages de fleurs, de feuilles, de papillons, d'insectes)
- 5 grandes feuilles de papier recyclé bleu, format raisin
- Bobine de ficelle de lin
- Petite photo de jardin de 5 x 5 cm

MATÉRIEL

- Plioir
- Emporte-pièce
- Papier buvard
- Colle

FACILE

Carnets d'anniversaire

Un univers de fête, ludique et coloré, à réaliser avec les enfants.

FOURNITURES

- Cahier à spirale de 19 x 19 cm
- Papiers origami multicolores de 15 x 15 cm
- Gommettes multicolores
- Bâtonnets à brochette courts et longs
- Lettres adhésives multicolores
- Peinture acrylique verte, jaune, rose
- Photos d'enfants en fête

MATÉRIEL

- Colle gel transparente
- Pinceau fin
- Ciseaux
- Emporte-pièce

PREMIER CARNET

1 Le pliage des bateaux

1. Découpez dans le papier origami 3 rectangles de 15 x 11 cm de couleurs différentes et pliez-les en suivant les schémas.
2. Pliez les rectangles en deux, puis encore en deux pour marquer le pli central (voir schémas 1 et 2).
3. Rabattez les deux bords supérieurs le long de la ligne centrale et remontez les bords inférieurs (voir schémas 3 et 4).
4. Rapprochez les deux côtés pour obtenir le carré (voir schémas 5, 6 et 7). Pliez vers le haut les deux angles inférieurs, ouvrez la forme pour rapprocher les côtés opposés (voir schéma 8) et tirez sur les côtés (voir schéma 9) pour obtenir la forme du bateau (voir schéma 10).

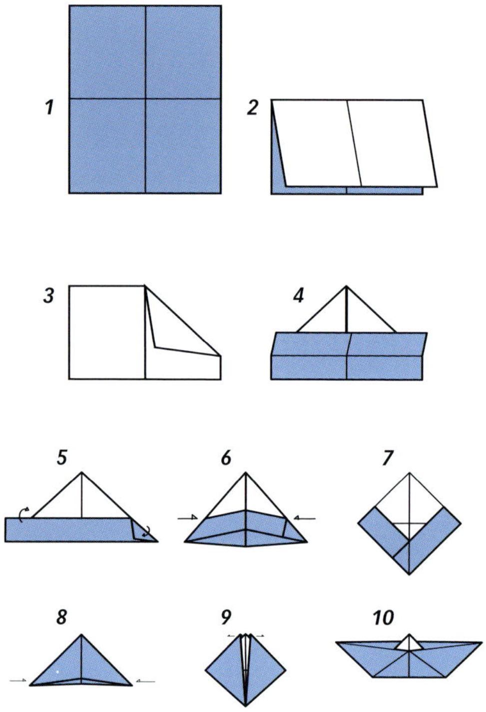

2 Le pliage des poissons

1. Dans le papier origami multicolore, découpez un carré de 8 x 8 cm et 4 carrés de 4 x 4 cm.
2. Marquez les plis en vous reportant au schéma 1, pliez les quatre côtés selon les schémas 2 et 3 pour obtenir le pliage du moulin (voir schéma 4).
3. Repliez l'aile du moulin pour faire la queue du poisson (schéma 5).
4. Dépliez et retournez le côté opposé pour la tête (schémas 6 et 7). Refermez en pliant vers l'arrière pour obtenir le poisson (schéma 8).

3 La réalisation de la mise en scène

1. Pour les vagues, découpez dans les feuilles d'origami multicolores des petites bandes ondulées.
2. Pour les fanions, découpez des triangles que vous collez en les enroulant à l'extrémité d'un bâtonnet.
3. Collez et placez les vagues sur l'album, puis les pliages. Enfin, placez les photos et fixez-les par une gommette, et décorez de gommettes.

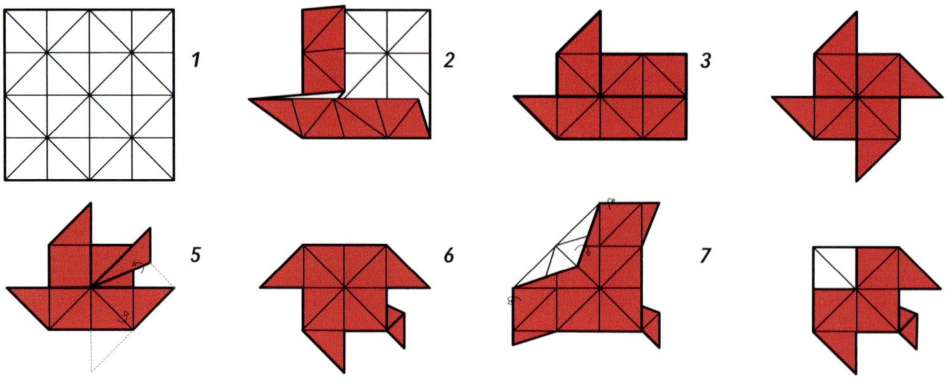

■ DEUXIÈME CARNET

❶ Le pliage des cocottes

1. Dans le papier origami, découpez des carrés de diverses tailles.
2. Marquez tous les plis de chaque carré (schéma 1). Marquez plus fort le carré central et les angles (schéma 2).
3. Repliez un angle vers le centre du carré pour faire la tête de la cocotte (schéma 3).

1

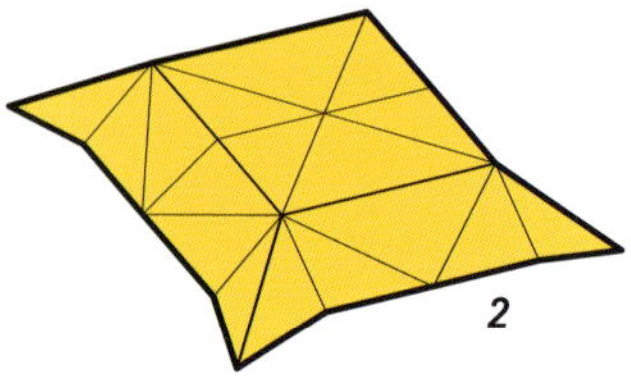

2

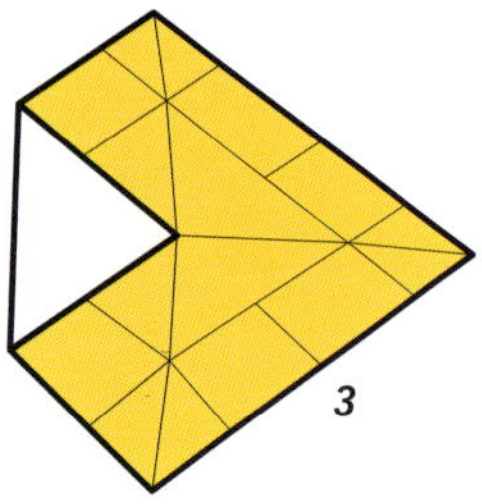

3

4. Rapprochez les côtés en pinçant pour former la cocotte.

❷ La réalisation de la mise en scène

Collez et placez les cocottes sur l'album. Disposez les photos à l'intérieur des pliages et fixez-les par une gommette. Faites le décor de gommettes fantaisie.

■ TROISIÈME CARNET

❶ Le pliage des moulins

1. Découpez dans le papier origami des carrés de couleur de 7,5 x 7,5 cm.
2. Suivez les schémas 1, 2, 3, 4 et les explications du début des poissons. Faites ainsi six petits moulins multicolores.

❷ Le pliage des canards

1. Découpez un carré de 7,5 x 7,5 cm et 5 carrés de 3,5 x 3,5 cm.
2. Suivez les schémas et les explications de la fabrication des cocottes et rabattez les deux pattes à l'intérieur du pliage.

❸ La réalisation de la mise en scène

1. Avec l'emporte-pièce, découpez dans les gommettes de tout petits confettis que vous collerez au centre de chaque moulin.
2. Coupez les bâtonnets à la bonne taille et peignez-les à la peinture acrylique de différents coloris.
3. Collez et disposez tous les éléments ainsi que les lettres adhésives multicolores, puis placez les photos à l'intérieur des pliages des moulins.

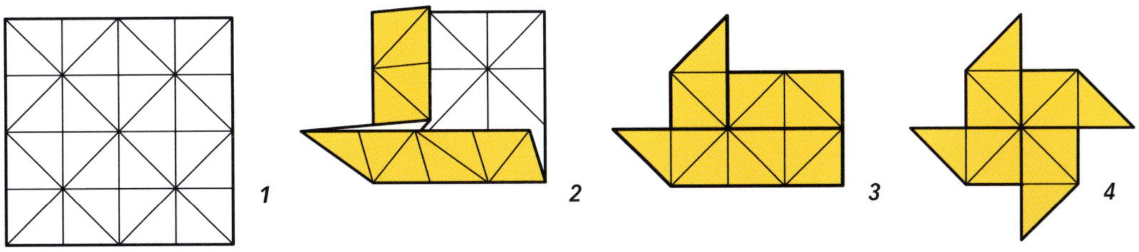

TRÈS FACILE

Pêle-mêle diapos

Du noir et blanc à la couleur, votre petit monde rassemblé en lumière et transparence.

FOURNITURES

- Pochette de classement de diapos format 6,6 x 6,6 cm
- Petites feuilles de papier-calque rose fluo, bleu turquoise, jaune, orange, rose pâle, rouge vermillon, rouge carmin
- Feuille de Canson blanc
- Calque transparent
- 2 ventouses
- 12 photos d'identité

MATÉRIEL

- Colle transparente
- Perforatrice
- Petits ciseaux

1 La préparation du fond
Découpez dans les différentes couleurs de papier-calque 12 carrés de 6,5 x 6,5 cm, qui serviront de fond.

2 La réalisation des motifs décoratifs
Décalquez les formes qui serviront de décor suivant les schémas ci-dessous et reportez-les sur la feuille de Canson blanc. Découpez-les ensuite soigneusement, elles vous serviront de gabarits (voir Techniques générales p. 9).

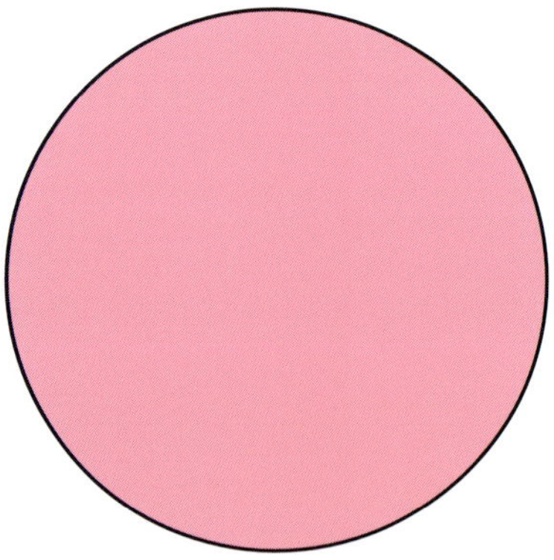

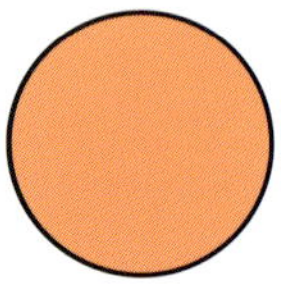

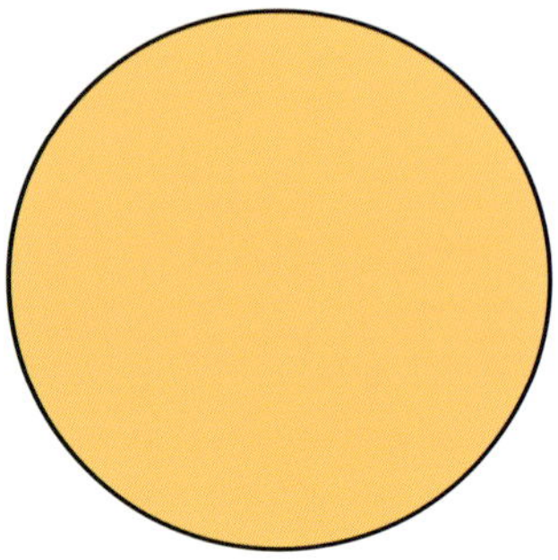

Placez les gabarits sur le papier-calque de couleur, tracez les contours au crayon et découpez soigneusement chaque forme en variant les couleurs de papier.

3 La superposition et le collage des motifs et des photos

Superposez les formes ainsi obtenues aux carrés de calque. Vérifiez la transparence à la lumière et collez-les par un tout petit point de colle au centre. Placez ensuite la photo qui cachera le point de colle.

4 La mise en place dans la pochette
Glissez chaque carré décoré à l'intérieur des pochettes en alternant bien les formes et les couleurs.

5 L'accroche de la pochette de diapos
Retirez, en la découpant avec des ciseaux, la bande latérale à trous de la pochette. Perforez le haut de la pochette à 3,5 cm des côtés et fixez la pochette sur une fenêtre ou un miroir à l'aide des ventouses.

FACILE

Saint-Valentin

Des messages et des images pour une déclaration d'amour.

FOURNITURES

- Feuilles de papier rouge
- Feuille de papier texturé rouge
- Feuille de papier blanc
- Feuille de papier rose
- Papier-calque
- Emporte-pièce à motif de cœur
- Lettres et cartes postales pour les différentes écritures
- Photos de couple découpées ou réduites de 9 x 9 cm
- Fil à coudre rouge et rose
- 1 m de ruban de satin rose fuchsia

MATÉRIEL

- Machine à coudre
- Colle blanche
- Cutter
- Scalpel
- Crayon
- Colle en bombe

❶ La réalisation du patchwork d'écritures

Photocopiez en noir et blanc les différents types d'écritures à partir des cartes postales ou de lettres. Découpez ces photocopies en rectangles, bandes, carrés de tailles variées. Collez ce patchwork d'écritures sur un carré de papier blanc de 25 x 25 cm. Photocopiez cette composition autant de fois que le nombre de pages souhaitées.

❷ La découpe des cœurs sur le patchwork

Décalquez et reportez les motifs des cœurs ci-dessous sur le papier blanc. Découpez-les pour obtenir les deux gabarits des cœurs.

Placez le gabarit du grand cœur quatre fois sur le carré d'écriture, et dessinez les contours au crayon (voir Techniques générales p. 9).

Collez le carré d'écriture au milieu d'un carré de papier rouge de 26,5 x 26,5 cm. Découpez les formes de cœurs au scalpel. Faites quelques petits cœurs avec l'emporte-pièce dans les feuilles de papier rouge et rose, et collez-les au hasard sur l'écriture (voir Techniques générales p. 10).

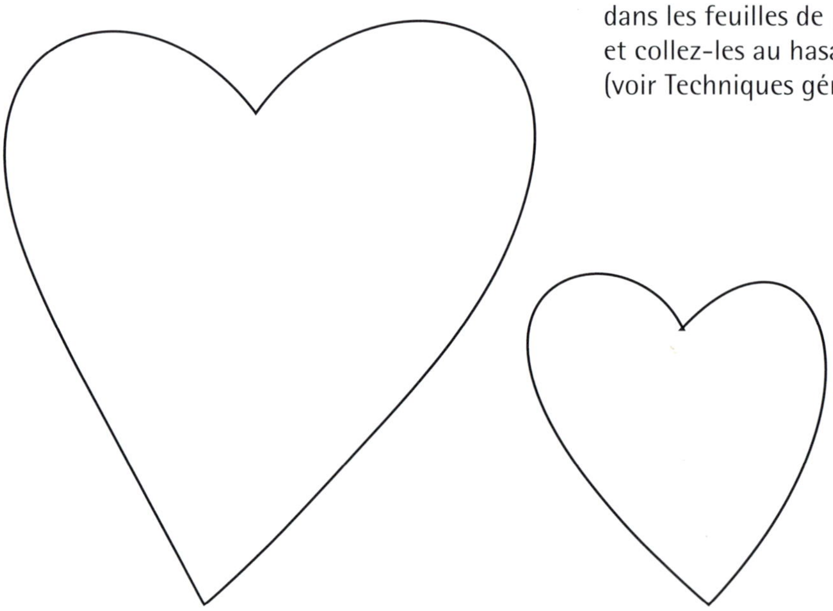

❸ La couture de petits cœurs sur une autre page intérieure

Avec le gabarit du petit cœur, tracez puis découpez dans une autre page d'écriture photocopiée neuf fois le motif. Pliez ces petits cœurs en deux et fixez-les par un petit point de colle au niveau de la pliure sur une autre feuille rouge de 26,5 x 26,5 cm.

Décorez d'une couture à la machine avec du fil rouge sur la bobine et un fil rose sur la cannette. Faites un nœud entre les deux fils à chaque extrémité.

❹ Le collage des photos

Découpez les photos au format 9 x 9 cm à l'aide d'un cache (voir Techniques générales p. 9).

Au dos de la feuille rouge fixée au patchwork d'écritures, collez les photos aux emplacements des grands cœurs découpés. Contrecollez enfin à la bombe la feuille rouge aux cœurs cousus. Chaque page de l'album comporte ainsi des feuilles recto-verso de patchwork et de cœurs cousus.

❺ La réalisation de la couverture et l'assemblage des feuilles

Découpez dans le papier texturé rouge deux carrés de 28 x 28 cm pour la couverture.

Perforez deux fois au centre les pages intérieures et les feuilles de couverture, et passez un morceau de ruban dans les perforations pour relier l'ensemble. Faites deux nœuds.

Variante

■ CARTE

FOURNITURES

- Feuille de papier rouge
- Feuille de papier rouge texturée
- Tissu imprimé
- Page d'écriture manuscrite
- Ruban de satin fuchsia de 5 mm de large
- Photo de couple découpée ou réduite de 3,5 x 5 cm
- Paillettes en forme de cœur
- Fil rouge

❶ La préparation des éléments

Préparez :

- 1 rectangle de papier rouge de 16 x 32 cm ;
- 1 carré de papier texturé de 12 x 12 cm ;
- 1 carré de tissu imprimé de 8 x 8 cm ;
- 1 cœur en papier manuscrit en vous servant du schéma p. 32 ;
- 1 autre cœur en papier rouge un peu plus grand que le précédent ;
- 1 ruban de 22 cm.

❷ La réalisation de la carte

Pliez le rectangle de papier rouge en deux pour former la carte et placez au centre de celle-ci successivement le carré de papier, le cœur rouge en haut à gauche, le ruban, le carré de tissu, et le cœur manuscrit sur le premier cœur.

❸ L'assemblage

Faites une couture machine passant par le centre des cœurs pour fixer l'ensemble. Collez la photo par un petit point de colle sur le carré de tissu et décorez de paillettes en forme de cœur.

FACILE

Carnet de voyage

Comme une histoire, un défilé d'images raconte un beau voyage.

FOURNITURES

- Feuille de papier toilé rouge (format raisin : 50 x 65 cm)
- Feuille de papier chinois rouge (id.)
- Feuille de Canson blanc de 42 x 56 cm
- Ruban adhésif toilé rouge
- Feuille de journal chinois
- Petits souvenirs de voyage : cartes postales, timbres, tissus, billets de banque, papiers imprimés, billets d'avion, de train, de bus, cartes géographiques
- Une douzaine de photos de voyage, réduites ou découpées de 9 x 9 cm environ
- 2 m de cordon jaune

MATÉRIEL

- Crayon à papier
- Colle à papier
- Gros pinceau brosse
- Cutter
- Emporte-pièce

❶ La préparation de l'épaisseur du carnet

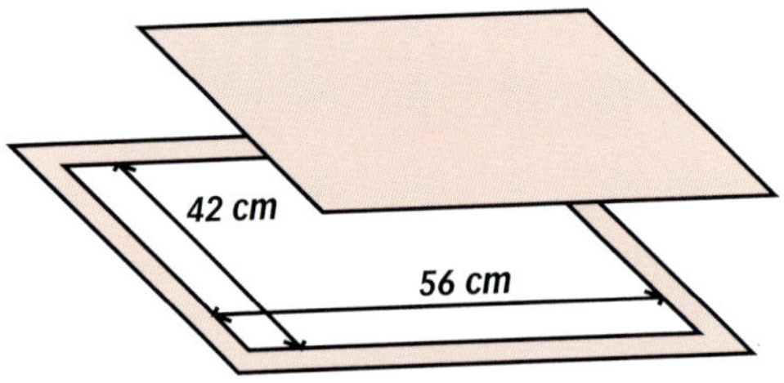

Prenez la feuille de Canson blanc de 42 x 56 cm qui va servir d'épaisseur entre les deux feuilles de papier rouge, comme le schéma ci-dessus en montre le principe.

Encollez une face à l'aide du gros pinceau brosse, puis appliquez-la sur la feuille de papier toilé rouge (qui représente la face externe du carnet). Lissez bien pour chasser les bulles d'air et les plis dans le papier (voir Techniques générales p. 10). Découpez au cutter le surplus de papier rouge.
Encollez l'autre face de la feuille de Canson blanc et appliquez-la cette fois sur le papier chinois rouge (qui représente la face interne du carnet).

Découpez le surplus au cutter.
Puis, découpez dans le journal une feuille de 38 x 52 cm et collez-la au centre de la feuille de papier chinois. Laissez sécher la colle.

❷ Découpe des pages du carnet

Quadrillez au crayon l'ensemble du grand rectangle ainsi préparé en carrés de 14 x 14 cm comme sur le schéma ci-dessous et découpez les carrés au cutter.

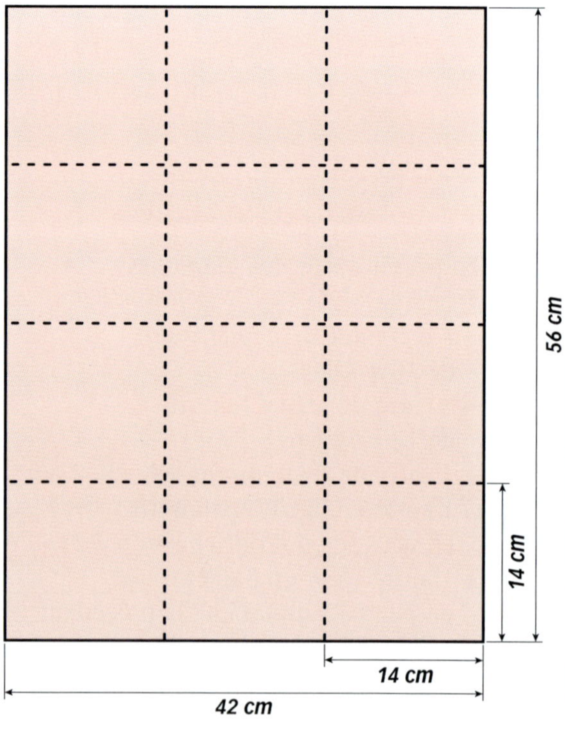

AUTO
訪北京
Shanghai
IN CHINA !?
CHINE
INDE
NÉPAL
BHOUTAN
BIRMANIE
LAOS
THAILANDE
VIETNAM
MACAU
HONG KONG
Golfe du Bengale
3500
品嘗香港美食

❸ La mise en scène des pages du carnet : collage et superposition

Décorez chaque carré en associant un ou deux souvenirs avec une photographie, en laissant apparaître par endroits l'écriture du journal et le papier chinois rouge, et en suivant l'ordre du déroulement de votre voyage.

❹ L'assemblage des pages

En laissant 3 mm entre eux, assemblez les douze carrés par un morceau de ruban adhésif rouge toilé à 3,5 cm des bords, recto et verso, comme sur le schéma ci-dessous.

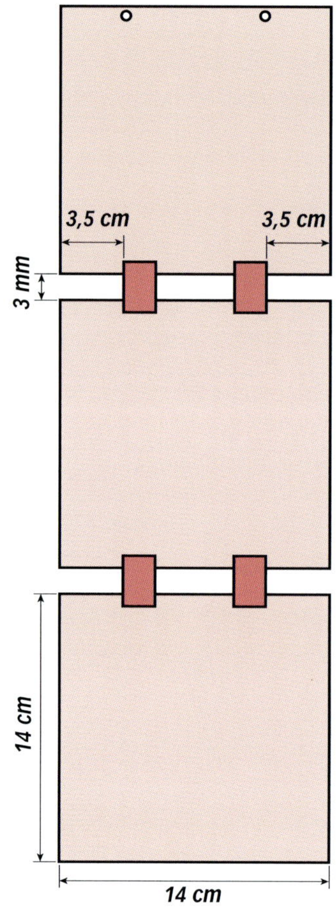

Vous obtenez un carnet articulé en accordéon.

❺ L'accroche de la couverture et la fermeture du carnet

Décorez la couverture d'un souvenir ou d'une photo. Perforez à l'aide de l'emporte-pièce à 3,5 cm des bords pour faire passer le cordon qui servira soit à fermer le carnet, soit à l'accrocher au mur.

FACILE

Album CD

Rangement ou petit cadre décoratif, un boîtier de CD pour vos photos préférées.

FOURNITURES

- Boîtiers de CD transparents
- Paillettes fantaisie, gommettes, fleurs,
- Images découpées
- Papier fantaisie
- Papiers de couleurs vives : orange, turquoise, vert, rouge, violet
- Photos de voyage en Inde

MATÉRIEL

- Cutter
- Plioir
- Colle
- Crayon à papier
- Papier-calque

1 La découpe des fonds et de l'accordéon

Dans le papier orange, découpez un rectangle de 12,5 x 12 cm pour le support décoratif du couvercle et un rectangle de 14 x 12 cm pour le fond du boîtier.

Dans le papier fantaisie, découpez une bande de 10 x 70 cm. Avec le plioir et une règle, divisez cette bande en 7 parties égales et formez un accordéon (voir Techniques générales p. 11).

2 La réalisation de la mise en scène de l'accordéon

Découpez un gabarit à la forme de l'éléphant et évidez avec un cutter le centre de chaque partie de l'accordéon.

À l'aide d'un cache (voir Techniques générales p. 9), découpez les photos ou les souvenirs, et collez-les sous les parties évidées. Collez la première page de l'accordéon sur l'envers de la feuille orange formant le couvercle.

3 Les décorations du couvercle

Décorez la feuille orange du couvercle avec l'un des éléphants évidés, des images et des paillettes. Glissez la feuille dans le couvercle du CD. Vous pouvez ajouter un CD de vos photos numériques.

Réalisez ainsi d'autres décors de boîtiers en vous inspirant des autres propositions de gabarits.

Modèles à agrandir à 200 %

India

MINUTIEUX

Miroir d'Espagne

Sur une guirlande d'éventails et de paillettes, les photos sortent du cadre. Olé !

FOURNITURES

- Feuille de carton plume noir
- Miroir de 10,5 x 14,5 cm
- Papier fort de couleur : rouge, jaune, orange, rose
- Coton à broder mouliné doré
- Fil de laiton doré de 0,7 mm de diamètre
- Fil de fer doré fin
- Petits pompons rouges
- Grosses paillettes or, orange, petites paillettes rouges
- Petits boutons en passementerie rouges
- Photos d'Espagne de 6 x 5 cm

MATÉRIEL

- Plioir
- Pince coupante
- Pince plate
- Pince ronde
- Photos
- Colle blanche
- Cutter
- Emporte-pièce
- Grosse aiguille à broder

1 La réalisation des éventails

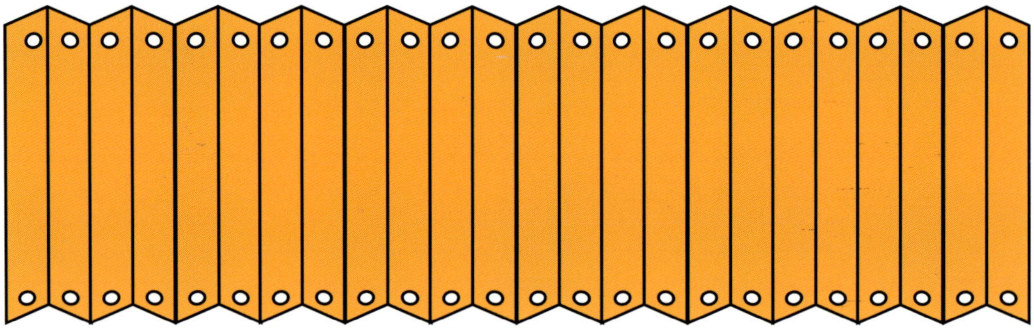

Découpez deux bandes de 4 x 21 cm dans chaque couleur de papier fort. Pliez-les en accordéon en petits plis de 1 cm de large. Marquez bien les plis au plioir (voir Techniques générales p. 11). Puis perforez-les aux deux extrémités, en haut et en bas, à 5 mm du bord, selon le schéma ci-dessus.

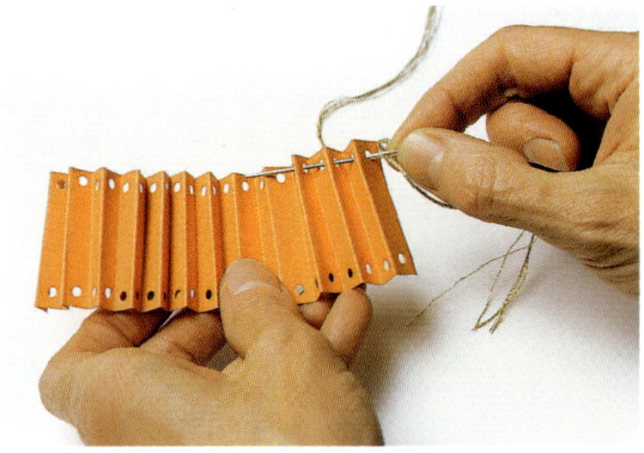

Resserrez les plis d'une des extrémités pour faire passer par les perforations, à l'aide de la grosse aiguille, 6 brins de coton à broder de 12 cm de long.

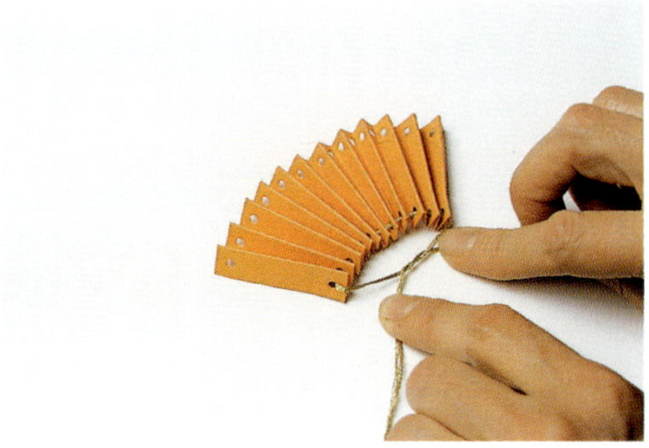

Faites un double nœud bien serré pour obtenir la forme des éventails.

2 La réalisation de la guirlande

Coupez d'abord deux fois 60 cm de fil de laiton : il est plus pratique de fabriquer la guirlande en deux parties. Puis coupez deux fois 1 m de fil de fer fin qui servira à l'enfilage des décors.
Enroulez, en serrant bien, 4 tours de fil de fer fin autour de l'extrémité du fil de laiton.

Enfilez à la suite, selon le schéma ci-dessous, chacun des éléments sur le fil de fer fin, en les espaçant de 1,5 à 2 cm environ, et en suivant l'ordre pour les enrouler sur le fil de laiton : grosse paillette orange ; grosse paillette or ; un petit pompon rouge ; deux petites paillettes rouges ; l'éventail ; deux boutons de passementerie ; une double spirale.

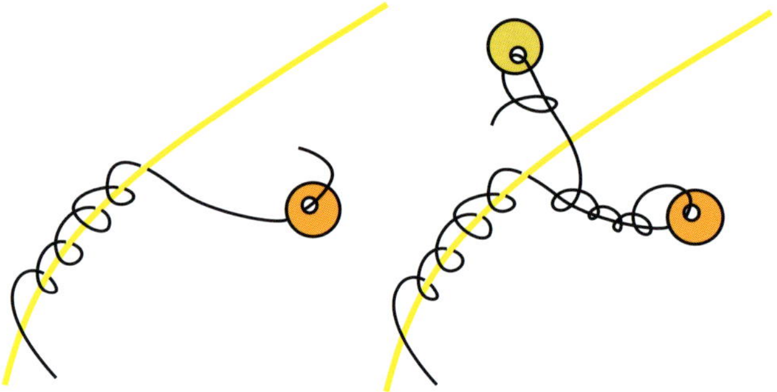

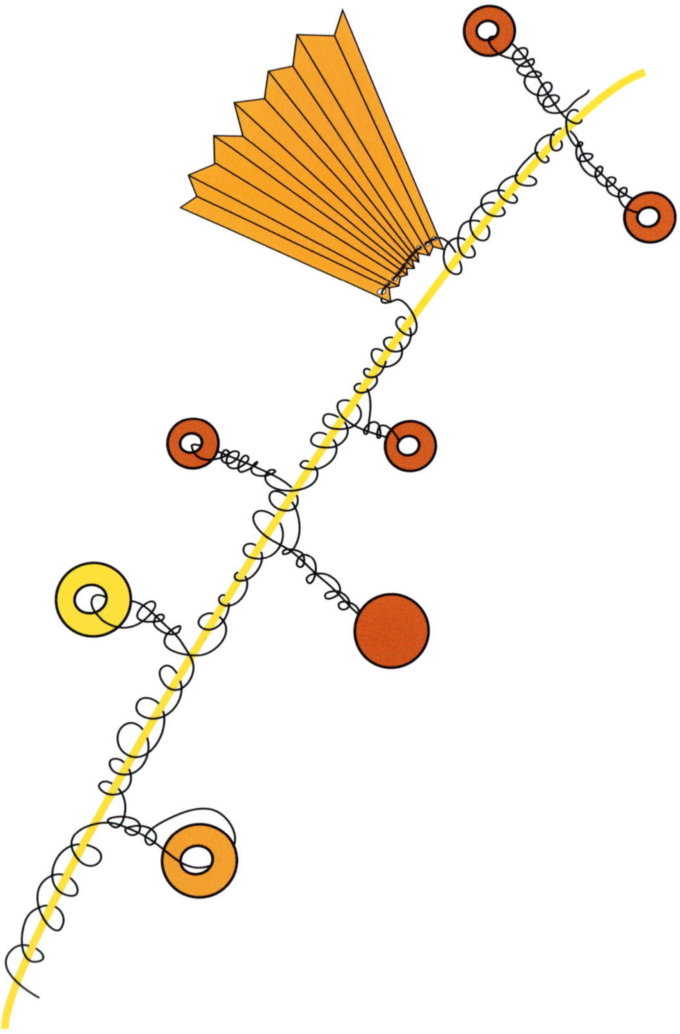

❸ La réalisation des spirales

Coupez huit fois 35 cm de fil de laiton pour former les spirales dans lesquelles seront glissées les photos. Enroulez sur le fil de laiton un morceau de fil de 35 cm en le serrant bien par le milieu (schéma ci-dessous), et formez les extrémités en spirale, en vous aidant de la pince ronde pour faire le cercle du début, puis de la pince plate pour maintenir la spirale à plat pendant l'enroulement.

Continuez la guirlande en suivant à nouveau le schéma. Alternez les couleurs des éventails.

Réalisez la deuxième guirlande de la même manière.

❹ La découpe du cadre

Dans le carton plume noir, découpez au cutter 2 rectangles de 27,5 x 24,5 cm. Au milieu d'un de ces rectangles, évidez-en un autre de 10,5 x 14,5 cm pour l'emplacement du miroir.

❺ La pose de la guirlande sur le cadre

Placez les deux parties de la guirlande l'une après l'autre sur le cadre en les faisant légèrement onduler. Pour fixer, trouez avec la grosse aiguille de part et d'autre de la guirlande, passez un fil de fer à cheval sur la guirlande, et enroulez à l'arrière du cadre les deux extrémités du fil de fer. Serrez bien (schéma ci-dessous).

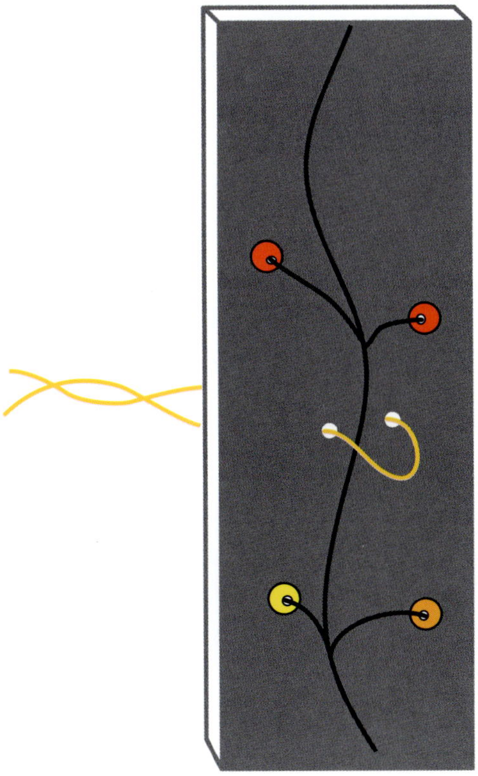

Enduisez d'une couche de colle le deuxième rectangle de carton plume, et appliquez le cadre décoré, en appuyant bien sur toute la surface. Collez le miroir au centre.

Découpez ou réduisez les photos à environ 6 x 5 cm en vous servant d'un cache (voir Techniques générales p. 9). Installez les photos en les glissant dans les spirales.

Calendrier de l'Avent

MINUTIEUX

Au fil des pages, des photos et des surprises... c'est bientôt Noël !

FOURNITURES

- Toile épaisse rouge
- Toile épaisse verte
- Toile épaisse orange
- Peinture Setacolor rouge d'Orient moiré et canari moiré
- Cordons vert, jaune, orange,
- Paillettes fantaisie multicolores
- Petites perles turquoise
- Coton à broder DMC orange, turquoise, rouge, vert, rose
- Trombones multicolores
- Photos réduites ou découpées de 8 x 8 cm

MATÉRIEL

- Machine à coudre
- Aiguille à broder
- Ciseaux à broder
- Pinceau fin

❶ La découpe des pages et des poches du calendrier

Dans la toile rouge, déchirez 4 rectangles de 42 x 22 cm. Faites de même dans la toile verte et dans la toile orange. Déchirez 8 petites poches rouges, 8 petites poches vertes et 8 petites poches orange de 10 x 8 cm.

❷ La couture des poches

Au point avant, cousez à la machine les poches sur les rectangles à 4 cm du bord inférieur et 5 cm du bord extérieur. Faites deux rangs de points avant en utilisant deux brins de coton à broder. Alternez les couleurs de fil.

❸ La réalisation de la page du 20 décembre

Disposez les paillettes en forme d'étoiles et de lunes autour de la poche, au hasard.

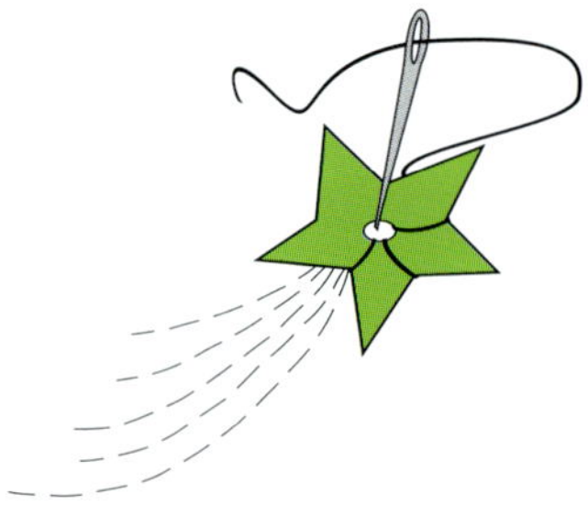

Cousez-les au point de croix avec deux brins de coton à broder en suivant le schéma ci-dessus.

Brodez au point avant les traînes des étoiles, selon le schéma ci-dessus.

27

❹ La réalisation de la page du 21 décembre

Placez trois cordons de couleur d'environ 25 cm de longueur sur le tissu en suivant le schéma ci-dessus. Cousez-les en place par des petits points à cheval.

Disposez les paillettes en forme de feuilles et de fleurs de l'arbre de vie et cousez-les en place par une perle centrale.

Décorez alternativement toutes les pages selon ces deux modèles.

❺ L'assemblage des pages

Cousez les pages envers contre envers par un rang de points avant avec deux brins de coton à broder, en alternant les couleurs des pages comme suit :

- rouge (pages 24 et 1) et orange (pages 2 et 23) ;
- vert (pages 22 et 3) et rouge (pages 4 et 21) ;
- orange (pages 20 et 5) et vert (pages 6 et 19), et ainsi de suite.

Assemblez le calendrier en ordonnant les pages les unes dans les autres.

❻ Le dessin des chiffres sur les poches

Glissez un petit coton à l'intérieur de la poche et dessinez les chiffres sur la poche au pinceau fin avec la peinture pour tissu.
Laissez bien sécher avant de passer à la poche suivante.

❼ La réalisation de la couverture

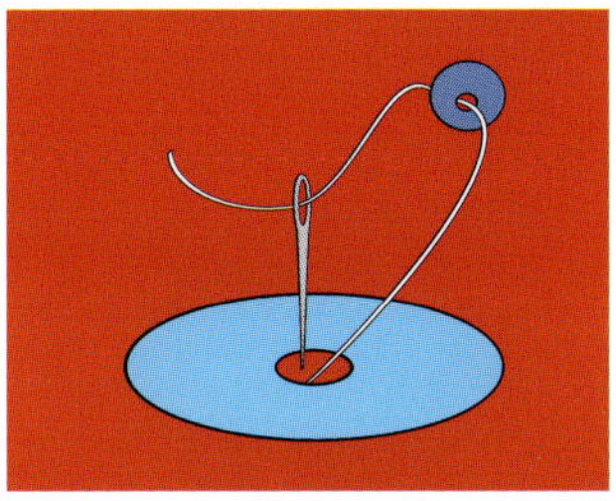

Cousez les paillettes en place avec une perle en suivant le schéma ci-dessus.

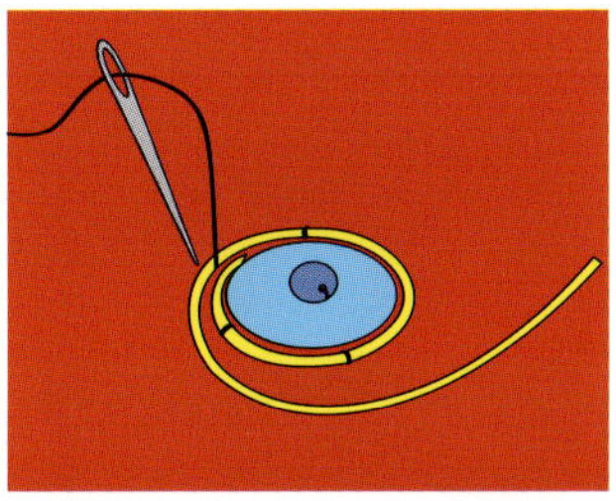

Formez 7 boules avec les cordons de couleur en les enroulant en spirale autour de la paillette et en les fixant par une couture à cheval selon le schéma ci-dessus.

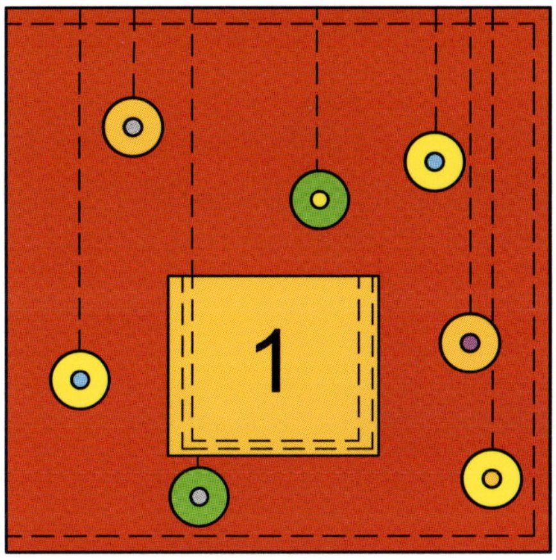

Pour la disposition des boules, suivez ce schéma.

Brodez les fils des boules au point avant avec deux brins de coton à broder et en alternant les couleurs.

❽ La reliure du calendrier

Avec des ciseaux à broder, percez les pages à 9 cm des bords supérieur et inférieur. Faites passer une cordelière verte et fermez à l'extérieur avec un nœud.

Glissez les photos de famille dans chaque poche avec un petit cadeau. Le jour venu, l'enfant prend le cadeau et fixe la photo sur la poche avec le trombone.

MINUTIEUX

Vitrine du Maroc

Un pêle-mêle de photos et de souvenirs retrace l'histoire d'un voyage.

FOURNITURES

- Cadre en bois de format extérieur 45 x 45 cm
- Feuille de papier jaune texturé format raisin
- Papier mûrier prune, fuchsia, orange, rose vif, jaune
- Papier bleu
- Papier vert
- Papier à dessin
- Petits sachets en Cellophane de 9 x 16 cm
- Coton à broder DMC bleu foncé, turquoise, jaune, orange, rouge
- Punaises rouges, orange, jaunes
- Emporte-pièce à motifs de rond et d'étoile
- Photos du Maroc de différents formats
- Timbres, fleurs séchées, cartes postales, dépliants de voyage, paillettes, tissus...
- Gommettes simples
- Crayons de couleur

MATÉRIEL

- Colle
- Règle
- Cutter
- Papier-calque

1 Le collage du fond du cadre

Mesurez l'intérieur du cadre et découpez le papier jaune texturé aux bonnes dimensions pour recouvrir le fond du tableau. Collez-le en place en lissant bien avec les mains pour chasser les bulles d'air (voir Techniques générales p. 9).

2 La découpe et le collage des carrés de couleur

Découpez 16 carrés de 10,5 x 10,5 cm dans les différentes couleurs de papier mûrier. Collez-les sur le fond jaune en les espaçant légèrement et régulièrement. Variez les couleurs tout en les harmonisant : prune, fuchsia, orange, rose vif, jaune.

3 La confection des décors dans les sachets en Cellophane

- **Les décors de photos avec cadres formés**

Évidez un cadre de format légèrement plus petit que celui du sachet à l'intérieur d'une photo ou d'une carte postale. Placez une autre photo à l'arrière du cadre, et collez-la. Introduisez l'ensemble à l'intérieur du sachet en Cellophane.

- **Les décors de photos avec fond texturé et fleurs séchées**

Choisissez un fond en papier ou en tissu. Découpez-le à la bonne taille. Placez la photo au centre et quelques éléments en décor, comme des fleurs séchées que vous avez ramenées de votre voyage au Maroc.

TRANSPORT SCOLAIRE
MAROC

• **Le décor aquarellé**

Décalquez les traits principaux d'une carte postale. Reportez le dessin sur du papier à dessin, et coloriez en vous inspirant des couleurs de la carte postale. Vous pouvez également avoir emporté un petit carnet lors de vos voyages et dessiné les paysages qui vous entouraient.

• **Le décor à enveloppe**
Pour l'enveloppe, découpez dans le papier jaune un carré de 10 x 10 cm et pliez selon les pointillés (schéma ci-dessous) les 3 angles du carré vers l'intérieur. Avec l'emporte-pièce, découpez une petite étoile dans le papier vert et collez-la pour maintenir l'enveloppe fermée. Collez l'enveloppe sur un fond vert décoré d'étoiles jaunes et glissez la photo dans l'enveloppe en la laissant dépasser. Placez l'ensemble dans le sachet en Cellophane.

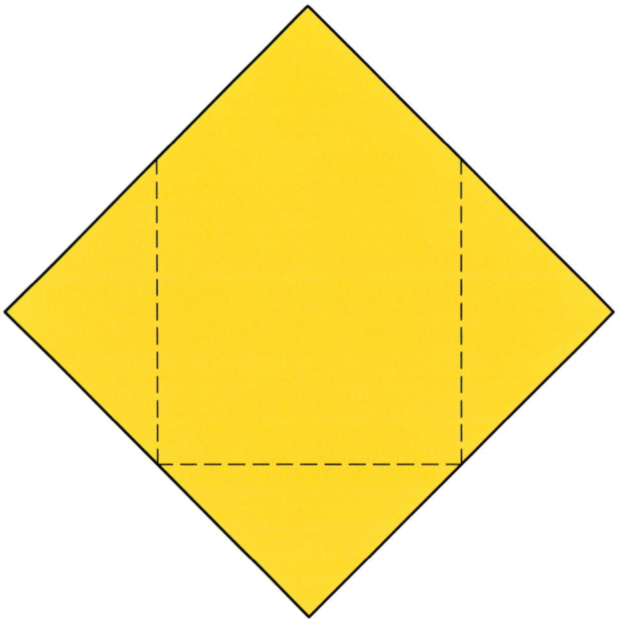

• **Le décor en papier tressé**
Pour confectionner le cadre en papier tressé, découpez des fines bandes de 8 mm de large dans les papiers de couleur. Placez la photo au centre d'un petit carton et placez les bandes côte à côte autour de la photo en les maintenant au centre par un petit point de colle. Tressez les extrémités en suivant le schéma ci-dessous.

Collez à gauche et à droite de la photo des petites étoiles bleues découpées avec l'emporte-pièce.

• **Des idées d'autres décors**
Faites des petits collages et glissez dans les pochettes restantes vos souvenirs : pièces de monnaie, sable, billets d'avion, tickets de bus, timbres.

④ Fermeture et mise en place des sachets

Fermez le sachet en le repliant vers l'envers et en collant une gommette. Découpez des petites étiquettes de 3 x 3 cm dans les papiers de couleur.

Perforez le haut des sachets, ainsi que les étiquettes, et enfilez un fil à broder de couleur que vous nouez pour former l'attache. Punaisez pour finir les petits sachets sur le fond.

FACILE

Vacances à la mer

Comme un artiste, laissez libre cours à votre fantaisie et jouez avec la couleur.

FOURNITURES

- Bloc de papier aquarelle à spirale de 30 x 22 cm
- Photos couleur de vacances à la mer
- Textes de poèmes

MATÉRIEL

- Encres aquarelle jaune, rouge magenta, bleu cyan
- Pinceaux fin et moyen
- Colle blanche
- Cutter
- Crayon à papier

❶ Les mesures et la découpe des photos et des poèmes

Photocopiez avec une photocopieuse laser, en noir et blanc, 3 photos couleur et 3 textes de poèmes.
À l'aide du cache (voir Techniques générales p. 9), découpez dans les photocopies des photos des carrés de 9,5 x 9,5 cm, puis dans les photocopies des poèmes des rectangles de 12 x 9 cm.

❷ La disposition des photos et des poèmes et leur collage

Placez les 3 textes puis les 3 photos sur une page du bloc de papier aquarelle, en les faisant se chevaucher légèrement. Collez-les en place. Enfin, enlevez au cutter les parties des poèmes ou des photos qui dépassent de la page.

❸ Le dessin des cadres des photos et des poèmes

Dessinez au crayon, autour de chaque photo, un cadre à 3 cm des bords. Gommez les traits de crayon superflus, là où les cadres se superposent.

❹ L'aquarelle des photos et des poèmes prolongée dans les cadres

En vous inspirant de la photo couleur d'origine, coloriez la photo noir et blanc aux encres aquarelle, et poursuivez le paysage dans le cadre dessiné. Repassez au pinceau, sur les lignes des cadres, une fine ligne bleue, et coloriez les fonds en bleu très clair.

MINUTIEUX

Album de mariage

Un nuage de tulle et de paillettes illumine les précieuses images du grand jour.

FOURNITURES

- Feuilles de papier aquarelle grain fin
- Papier blanc japonais
- Petites billes de polystyrène
- Fil de fer argent très fin
- Fil de fer blanc de 1 mm de diamètre
- Ruban de dentelle en papier
- Tulle blanc
- Ruban satin de 3 mm de large
- Ruban satin fantaisie de 8 mm de large
- Paillettes blanches nacrées
- Petites perles blanches nacrées
- 1 photo de mariés de 10 x 10 cm et 4 photos de mariage de 6 x 6 cm

MATÉRIEL

- Aiguille à coudre
- Fil blanc
- Peinture acrylique blanche
- Colle blanche
- Plioir
- Cutter
- Ciseaux
- Emporte-pièce

■ LE DESSUS DU COUVERCLE DE LA BOÎTE

❶ Le cadre en dentelle et la photo

Dans le papier aquarelle, découpez un carré de 24 x 24 cm. Dans le ruban de dentelle, découpez 4 bandes de 15 cm de long et 3 cm de large. Biseautez les angles, et collez les 4 rubans au milieu du papier aquarelle en formant un cadre. Collez à l'intérieur du cadre de dentelle la photo de 10 x 10 cm, découpée préalablement à l'aide d'un cache (voir Techniques générales p. 9).

❷ La guirlande en papier japonais

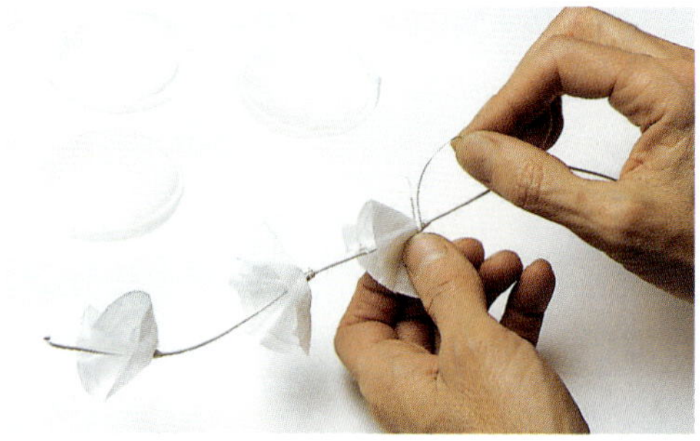

Pour la guirlande, découpez dans le papier japonais 11 cercles de 4 cm de diamètre et 11 cercles de 3 cm de diamètre. Superposez les deux cercles, et assemblez-les au centre par un point de colle. Découpez 80 cm de fil de fer blanc, et enfilez par le centre les cercles assemblés. Pincez-les autour du fil de fer pour former les fleurs. Pour les fixer, enroulez autour de leur base 5 cm de fil de fer fin et peignez le fil de fer en blanc. Laissez bien sécher.

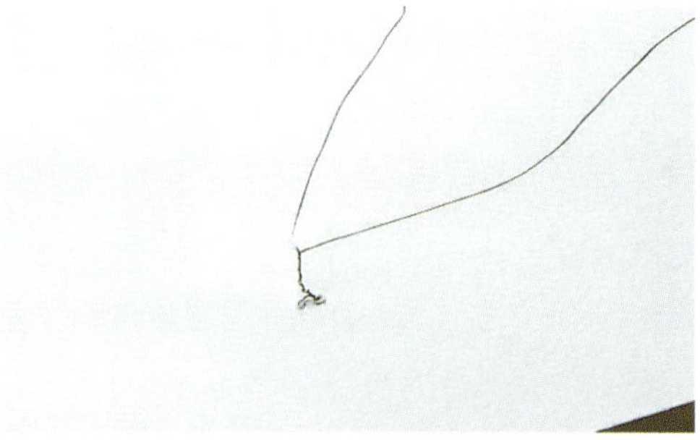

Toujours dans le fil de fer fin, découpez 30 morceaux de 6 cm de long. Piquez à chaque extrémité une bille de polystyrène que vous fixez par un point de colle. Laissez sécher.

Enroulez deux ou trois tiges ainsi formées autour de chaque fleur. Fixez la guirlande autour de la photo en plaçant des petits bouts de fil de fer fin à cheval sur le fil de fer blanc, puis en les piquant dans le papier, enfin en les entortillant sur l'envers.

❸ Le nœud de tulle

Dans le tulle blanc, découpez un ruban de 120 cm de long et 35 cm de large. Formez un nœud en laissant de part

et d'autre une longueur de 30 cm. Cousez les paillettes sur le tulle en les parsemant de façon harmonieuse Fixez le nœud sur le couvercle en le collant, ou en passant un fil de fer à l'arrière comme pour la guirlande.

et 3 cm de large. Froncez-les en enfilant un fil dans la base, puis faites un nœud. Cousez une paillette et une perle au centre. Fixez les fleurs sur la page en piquant dans la feuille et en faisant un nœud sur l'envers.

LES PAGES INTÉRIEURES

❶ Tissage du ruban

Dans le papier aquarelle, découpez des carrés de 24 x 24 cm. À 2 cm des bords, faites entre 13 et 14 encoches au cutter, de 1 cm de large. Suivez le schéma (ci-dessous à gauche) pour l'espacement. Tissez le ruban en satin fantaisie dans la feuille en le faisant passer dans les encoches. Découpez 4 photos de 6 x 6 cm en vous servant d'un cache (voir Techniques générales p. 9). Collez-les au centre de la feuille.

❷ Les fleurs en tulle

Pour les fleurs en tulle, découpez 5 bandes de tulle de 50 cm de long

LA BOÎTE ET LE COUVERCLE

❶ Découpe des cartons

Dans le papier aquarelle, découpez un carré de 29 x 29 cm pour le couvercle et un carré de 35 x 35 cm pour faire la boîte. Pour le couvercle, tracez une ligne avec le plioir à 2 cm des bords puis, au cutter, entaillez les angles (schémas ci-dessous). Pour la boîte, pliez et entaillez à 5 cm des bords.

❷ Le nœud de satin

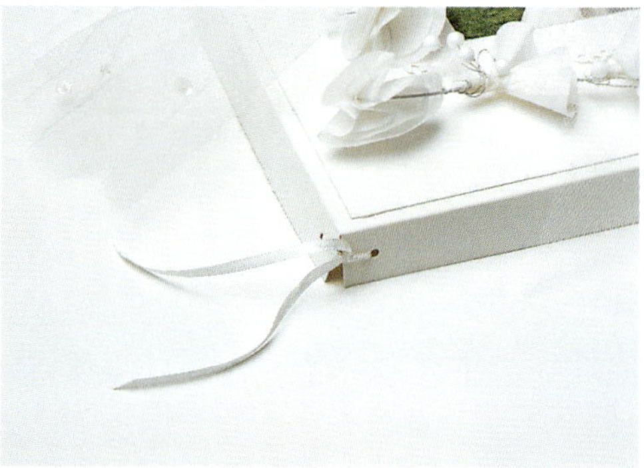

Avec l'emporte-pièce, faites des petits trous à 1 cm des bords. Enfilez les rubans de satin de 3 mm de large et de 18 cm de long dans les trous, puis faites un nœud pour fermer.

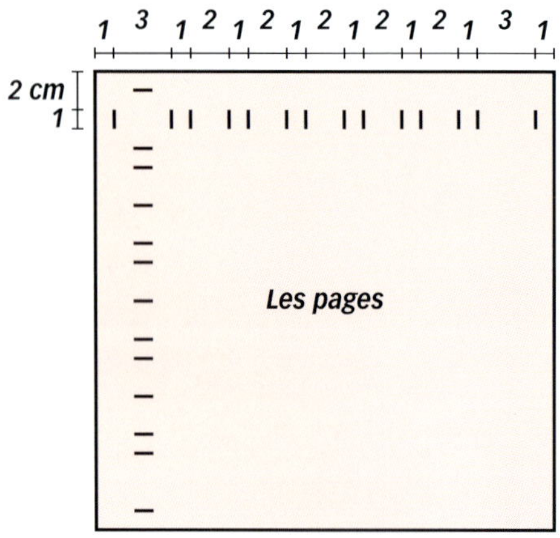

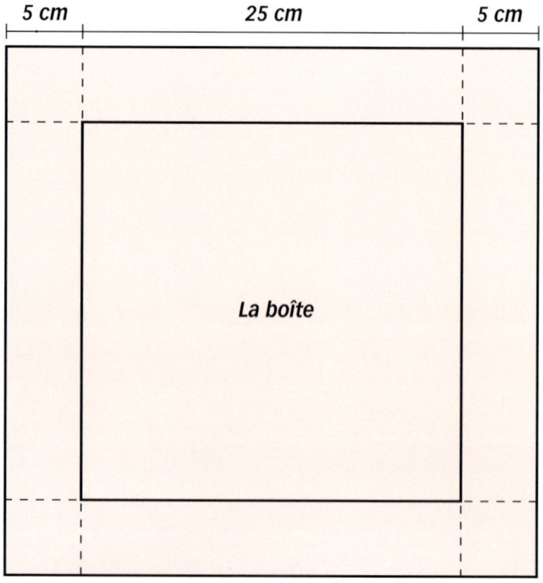

Variante

■ CADRE

❶ Broderie
Brodez les initiales sur la toile Aïda à 4,5 cm du bas du carré et à 8 cm des côtés au point de croix avec deux brins de coton à broder, en suivant le diagramme (voir Patrons p. 62 et 63). Brodez tout autour un plumetis formé de 4 points de croix disposés en carré (voir Techniques générales p. 11).

❷ Le nœud de tulle
Découpez 4 bandes de tulle de 50 cm de long et 5 cm de large. Froncez-les comme précédemment (les fleurs p. 58).

❸ Les cœurs
Dans le papier-calque, découpez deux cœurs en suivant le schéma ci-dessous, et percez-les d'un petit trou au sommet. Formez un petit nœud, et enfilez les cœurs par les extrémités du ruban de satin.

❹ Le tissu du fond du cadre
À 11 cm du bord supérieur et 15 cm des côtés, évidez un carré de 8 x 8 cm dans la toile Aïda brodée. Biseautez les angles, et rabattez-les vers l'envers en vous reportant au schéma ci-dessous.

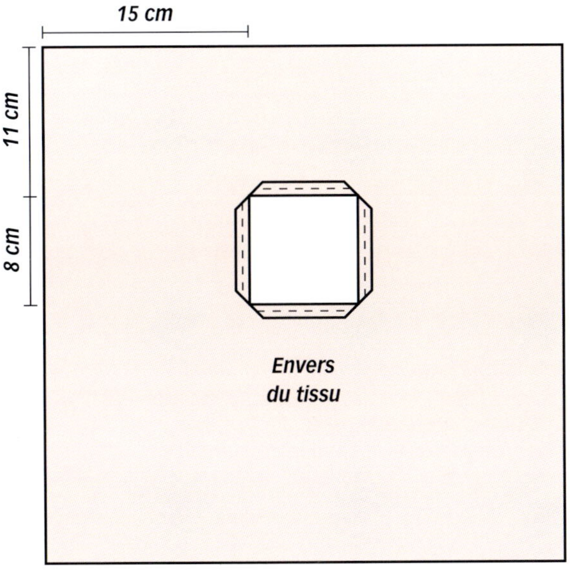

Faites tenir avec un coup de fer à repasser. Cousez à petits points avant tout autour de la partie évidée pour faire tenir. Collez la photo des mariés sur l'envers de la partie évidée.
Piquez le ruban avec les cœurs en place à l'aide de l'épingle.

❺ Le fond du cadre
Dans le carton fort, découpez un carré de 24 x 24 cm. Collez dessus le carré de molleton, puis le tissu brodé en le tendant bien, et rabattez l'excédent vers l'arrière. Coupez l'excédent de tissu.

Mettez la broderie dans le cadre, et glissez les rubans de tulle froncé tout autour, entre le cadre et la broderie.

FOURNITURES

- Carré de toile Aïda blanche fine de 30 x 30 cm
- Coton à broder DMC mouliné blanc
- Fil blanc
- Ruban de satin blanc de 3 mm de large
- Tulle blanc
- Carré de molleton de 24 x 24 cm
- Papier-calque blanc rayé
- Cadre blanc de 24 x 24 cm (dimensions intérieures)
- Carton fort
- Épingle à tête nacrée

MATÉRIEL

- Aiguille à broder
- Aiguille à coudre
- Cutter
- Ciseaux
- Fer à repasser
- Colle pour tissu
- Photos

MINUTIEUX

Coussin transfert

Par la magie du transfert,
les photos deviennent objet de déco.

FOURNITURES

- Pochette de papier transfert textile
- 2 m de coton épais blanc
- Coton fin gris, mauve, bleu clair, bleu moyen
- Coton à broder mouliné
- 8 photos de vacances

MATÉRIEL

- Imprimante à jet d'encre couleur
- Épingles
- Fil à coudre
- Aiguille à broder
- Machine à coudre
- Fer à repasser
- Crayon à tissu
- Tissu de coton

1 Préparation des transferts

Sélectionnez 8 photos de vacances. Introduisez une feuille de papier transfert dans l'imprimante et imprimez vos photos. À l'aide d'un cache (voir Techniques générales p. 9), isolez un carré de 9 x 9 cm sur les 8 photos imprimées sur le papier transfert et découpez-les au cutter.

2 Préparation des carrés de tissu

Découpez 8 carrés de coton de couleurs différentes de 16 x 16 cm. Réglez le fer à repasser à haute température. Placez un tissu de coton plié en deux sur une table, et posez dessus un carré de coton coloré. Donnez un coup de fer pour enlever les plis, et placez au centre une photo, face imprimée contre le tissu.

3 Transferts des photos sur les carrés

Repassez en déplaçant le fer constamment et en insistant bien sur les angles et les côtés. Puis, pendant 1 minute, faites des cercles lents sur la surface du papier transfert.

4 Retrait du transfert

Attendez 1 minute avant de retirer le papier, puis ôtez-le par un coin de manière régulière. Faites de même sur tous les carrés de coton.

5 Réalisation du coussin

Découpez deux carrés de coton épais blanc de 74 x 74 cm. Épinglez sur un des carrés les différents carrés imprimés, et appliquez-les par une piqûre à la machine à 1 cm des bords.

6 Broderie

Avec le crayon à tissu, écrivez les noms des pays où les photos ont été prises et dessinez les vagues et les étoiles, puis brodez-les au point avant (voir Techniques générales p. 11) avec six brins de coton mouliné.

Assemblez les deux carrés de coton blanc envers contre envers par une piqûre à la machine sur 3 côtés. Retournez l'ensemble pour former la housse de coussin.

Patrons

Album de mariage : alphabet en broderie

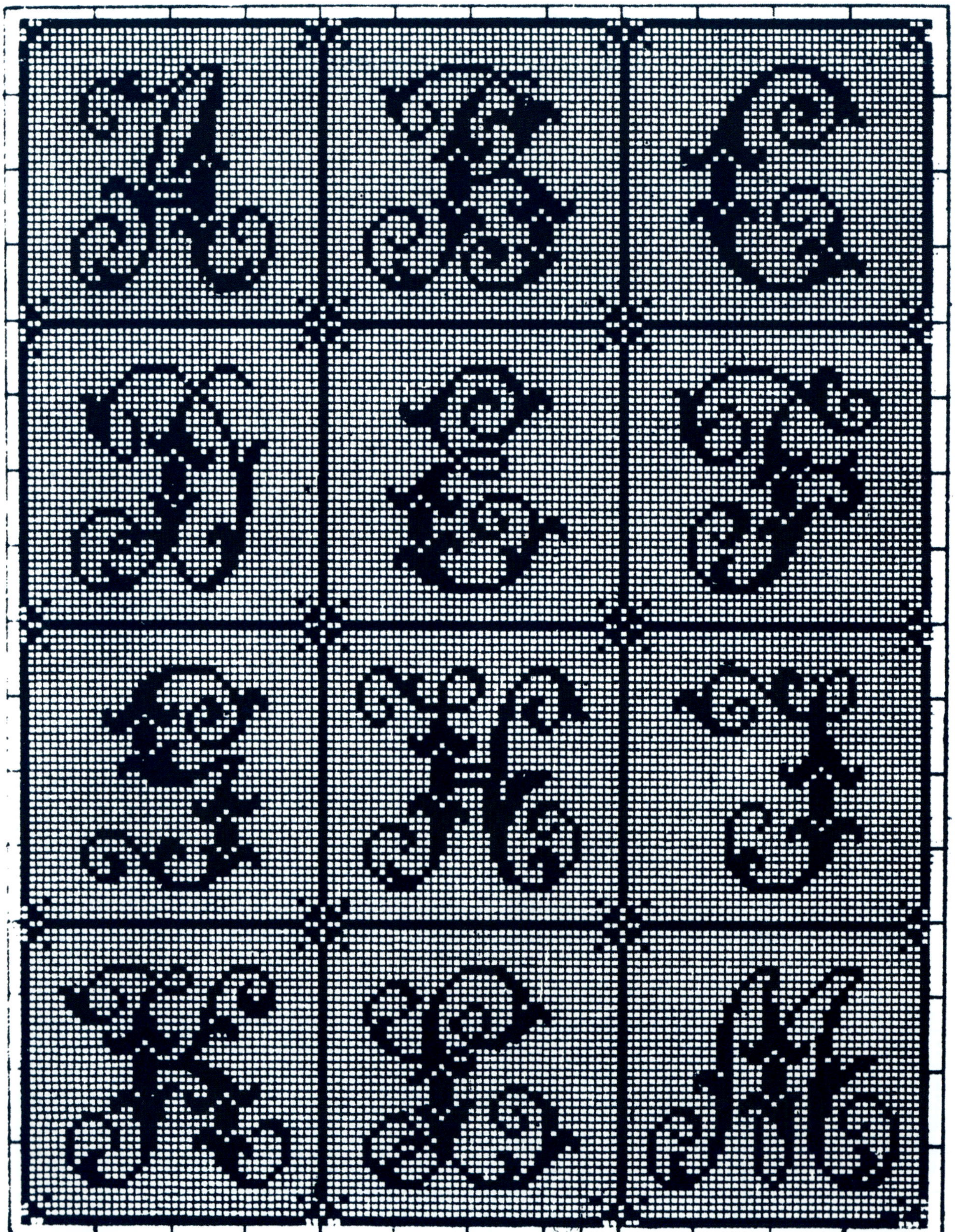

Souvenirs du passé

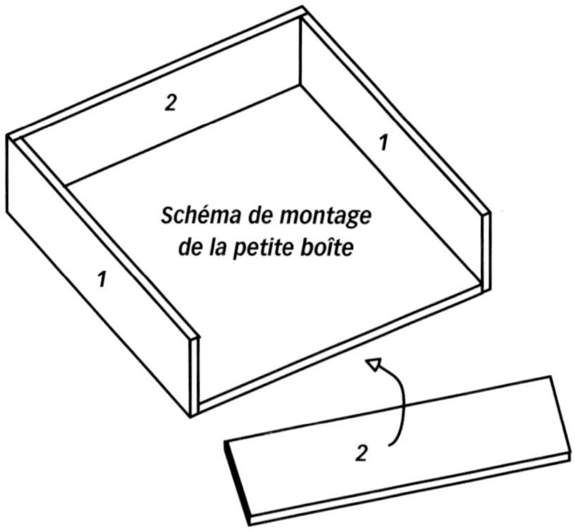

N° de projet : 11001575
Achevé d'imprimer sur les presses de l'imprimerie Clerc
à Saint-Amand-Montrond (France) en avril 2005